LA Digital Publications presents *Armenian III: Reading and Vocabulary Practicum* for children.

WHAT IS THIS PROGRAM ABOUT? This is volume III of the first structured reading program in Armenian spanning across 87 levels of progressive complexity. *Armenian III* is the **master** volume of the program comprising 30 levels called "modules." Each module consists of a text accompanied by multi-leveled questions targeting comprehension as well as word-study and vocabulary. In this volume, children will learn to read complex texts discussing fascinating facts about history, social studies, and science. They will impress you not only with their reading skills but also with some thorough knowledge about various phenomena or facts, such as the daily routine of prehistoric people or the building of the Egyptian pyramids.

WHO IS THIS VOLUME FOR? This master-level set of 23 modules is designed for children who have completed volume II. It is also suitable for those who can read some longer texts (1.5-2-page long) with more complex sentence patterns and varied vocabulary and wish to continue mastering their reading, vocabulary, and comprehension skills.

HOW DOES THIS PROGRAM WORK? This program is based on a readability formula developed specifically for the Armenian language. Each volume begins with simpler texts and shorter sentences as well as easier high frequency words. The texts become increasingly more complex, with new vocabulary and syntax structures gradually being added.

WHAT WILL YOUR CHILD LEARN BY COMPLETING VOLUME III? By the end of Part 3 of this volume, children will recognize a larger core of content-specific words as well as a greater variety of syntax patterns. They will continue reading informational texts with sequential patters as well as longer narrative texts.

RECOMMENDED METHOD OF READING: We recommend that your child covers a module a day, 3 times a week, for 30 minutes daily. Depending on your child's confidence in reading, a parent's or tutor's help may be necessary, with an overall goal that your child could progress to the point of completing each module independently. By the end of this 6-week course, your child will grow to become a more confident and independent reader.

This is volume III of III in the series of Armenian reading and vocabulary practicums.

Մակարդակ 1

Մոդուլ 1.1

Ինչու՞ ենք մենք կանգնում գետնի վրա, և ոչ թե օդապարիկի նման ճախրում երկնքում: Ինչու՞, եթե ցանկացած առարկա ձեռքից բաց թողնենք, ներքև կնկնի, այլ ոչ թե վերև կբարձրանա: Այս ամենը տեղի է ունենում մի հատուկ ուժի շնորհիվ, որ կոչվում է գրավիտացիա:

Գրավիտացիան զանգված ունեցող առարկաներն իրար ձգող ինքնահաս ուժն է: Որքան ծանր է առարկան, այնքան այն ավելի մեծ ուժով է դեպի իրեն ձգում մնացած առարկաներին: Մենք ապրում ենք երկիր մոլորակի վրա, որը շատ ավելի մեծ է, քան այն բոլոր առարկաները, որոնք գտնվում են մեր շուրջը: Դրա համար էլ՝ երկրի ձգողականության ուժը ավելի քան հզոր է: Այդ է պատճառը, որ այն ամենն ինչ շրջապատում է մեզ իրական կյանքում, գտնվում է Երկրի ձգողականության ուժի ներքո և չի թռչում երկինք:

Ձգողականության ուժն առաջին անգամ հայտնաբերել, ուսումնասիրել և ձևակերպել է անգլիացի գիտնական Իսահակ Նյուտոնը: Գոյություն ունի հանրահայտ մի պատմություն, ըստ որի, գիտնականը նստած է եղել խնձորենու տակ, և խնձորն ընկել է ուղիղ նրա գլխին: Նա գոռում է ցավից և հենց այդ պահին գիտակցում, թե ինչու խնձորը ցած ընկավ, այլ ոչ թե ճախրեց երկնքում:

Նյուտոնը բացահայտեց ձգողականության ուժը 17-րդ դարի երկրորդ կեսին: Այդ ժամանակ տիեզերագնացության մասին ոչ ոք չէր կարող նույնիսկ մտածել: Այնուամենայնիվ, Նյուտոնի կատարած բազմաթիվ աշխատանքներն ապագայում օգնեցին գիտնականներին՝ ստեղծել հրթիռներ և տիեզերք թռչել:

Անշուշտ, ձգողականության օրենքի բացահայտումը Նյուտոնի միակ ձեռքբերումը չէ: Համալսարանում նա մաթեմատիկա էր ուսումնասիրում, իսկ հետագայում մեծ ավանդ ներդրեց այս գիտության զարգացման գործում: Նա զբաղվում էր դիֆերենցիալ հաշվարկներով և ինտեգրալ հաշվարկներով: Իր բոլոր աշխատանքների արդյունքները նա հրատարակեց «Բնական փիլիսոփայության մաթեմատիկական սկզբունքները» գրքի մեջ:

Նյուտոնի ամենահայտնի պրակտիկ հայտնագործությունը հայելային հեռադիտակն է: Մինչ այդ, հեռադիտակների մեջ օգտագործվում էին ապակե ոսպնյակներ: Լույսի բեկման յուրահատկության պատճառով նրանց մեջ պատկերները ոչ հստակ էին արտացոլվում: Ուսումնասիրելով օպտիկան՝ լույսի մասին գիտությունը, Նյուտոնը եկավ այն եզրահանգման, որ, եթե ոսպնյակները փոխարինվի հայելիով, հեռադիտակի մեջ պատկերները կլինեն շատ ավելի հստակ ու պարզ: Նա կիրառեց իր ենթադրությունը գործնականում: Իսկապես, արդյունքը գերազանցեց սպասելիքներին:

Ասում են, որ Քեմբրիջի համալսարանի ուսանողական տարիների ընթացքում Նյուտոնն այնքան էլ չէր տարբերվում մնացած ուսանողներից: Դա այդպես էր, ավելի շուտ, նրա ինքնամփոփ բնավորության պատճառով: Ընդունվելուց չորս տարի անց Նյուտոնն ստիպված էր ժամանակավոր տուն վերադառնալ: Անգլիայում մոլեգնում էր ժանտախտը, այդ էր պատճառը, որ համալսարաններն ստիպված էին դադարեցնել պարապմունքները: Հենց այդ ժամանակ, երբ հարկադրված էր տանը լինել, Նյուտոնն արեց գրավիտացիոն ուժի իր պատմական բացահայտումը:

Համալսարանն ավարտելուց հետո Նյուտոնը մի քանի տարի մաթեմատիկա դասավանդեց այնտեղ: Դրան զուգահեռ, նա ծառայում էր Թագավորական դրամահատարանում, բրիտանական խորհրդարանում, և ինչքե, շարունակում էր գործունեությունը մաթեմատիկայի և ֆիզիկայի ասպարեզում: Նրա աշխատանքները ժամանակակից գիտության հիմնաքարերը դարձան և դեռևս օգնում են 3 գիտնականներին՝ նոր սարքավորումներ ստեղծել ու նոր բացահայտումներ կատարել:

1. Ինչի՞ մասին է խոսվում տեքստի մեջ.

- Այն մասին, թե ինչպես է դասավորված Արեգակնային համակարգը:
- Մեծ գիտնական Իսահակ Նյուտոնի կյանքի և հայտնագործությունների մասին:

2. Ո՞ր պատմությունն է նկարագրում Նյուտոնի կողմից արված գրավիտացիայի բացահայտումը.

- Պատմությունն այն մասին, թե ինչպես խնձորն ընկավ Նյուտոնի գլխին:
- Պատմությունն այն մասին, թե ինչպես Նյուտոնը ստեղծեց հեռադիտակը:

3. Ինչպե՞ս Նյուտոնը կատարելագործեց հեռադիտակը.

- Նա սկսեց արտադրել էլեկտրոնային հեռադիտակներ:
- Նա սկսեց հեռադիտակների մեջ ապակու փոխարեն հայելի օգտագործել, որի շնորհիվ պատկերներն ավելի հստակ դարձան:

4. Բացի ֆիզիկայից և աստղագիտությունից, ո՞ր գիտության բարգավաճման մեջ է Նյուտոնի հսկայական ներդրումը.

- մանրէաբանության
- մաթեմատիկայի

5. Ինչո՞վ կարելի է փոխարինել «ճախրում» բառը «Ինչու՛ ենք մենք կանգնում գետնի վրա, և ոչ թե օդապարիկի նման ճախրում երկնքում» նախադասության մեջ.

- թռչում
- նստում

6. Ո՞ր տարբերակն է իր իմաստով հականիշ «ինքնամփոփ» բառին «Դա այդպես էր, ավելի շուտ, նրա ինքնամփոփ բնավորության պատճառով» նախադասության մեջ.

- մեկուսացած
- շփվող

7. Լրացրե՛ք բաց թողնված բառերը.

                                      պստլիկ   սավառնել   որոշում

- Ալիկի համար հեշտ չէր նոր տուն գնելու ___________ կայացնել:
- Իմ լուսամուտի մոտ` ճյուղի վրա, կալիբրին ___________ բույն էր հյուսել:
- Ես փորձում եի կենտրոնանալ, սակայն դրա փոխարեն շարունակում եի ___________ ամպերի մեջ:

Մոդուլ 1.2

Մի անգամ Մեծ Բրիտանիայի թագուհի Եղիզավետա երկրորդը մեկնում է Շոտլանդիա՝ հանգստանալու: Զբոսանքներից մեկի ժամանակ նրան զբոսաշրջիկներ հանդիպեցին: Նրանք չիասկացան, որ իրենց առջև իրական թագուհի է և հետաքրքրվեցին նրանից, թե որտեղ է ապրում Եղիզավետա երկրորդը: Թագուհին որոշեց չբացատրել զբոսաշրջիկներին, թե ով է ինքը, և պատասխանեց, որ Եղիզավետան մոտակայքում տուն ունի: Այդ ժամանակ զբոսաշրջիկները հարցրեցին.

—Իսկ դուք երբևէ հանդիպե՞լ եք Եղիզավետա երկրորդին:

Պետք է ասել, որ թագուհին բոլորին հայտնի էր իր հիանալի հումորի զգացումով: Դա էր պատճառը, որ նա, նույնիսկ առանց մտածելու, մատնացույց արեց իր թիկնապահին և պատասխանեց.

—Ես՝ երբեք, բայց ահա նա՝ հանդիպե՛լ է...

Եղիզավետան թագուհի էր դարձել գրեթե յոթանասուն տարի առաջ: Նախկինում ոչ մի բրիտանական միապետ այդքան երկար չէր կառավարել երկիրը: Եվ չնայած, որ Բրիտանիայում թագավորական ընտանիքի անդամներն այլևս պաշտոնապես չեն ղեկավարում երկիրը, համենայն դեպս, Եղիզավետա երկրորդը համարվում էր անգլիական թագավորության խորհրդանիշը:

Չնայած իր պատկառելի տարիքին՝ թագուհին շատ ակտիվ կյանք էր վարում: 2019 թվականին նա նույնիսկ ինստագրամյան ալիքում անձնական պրոֆի՛լ բացեց և հրապարակեց առաջին գրառումը...

Եղիզավետա երկրորդը կենդանիների մեծ սիրահար էր: Դա իմանալով՝ նրան երբեմն տարբեր երկրներից էկզոտիկ կենդանիներ էին նվեր ուղարկում: Նա ուներ փիղ, երկու հսկա կրիաներ, հովազ և մի զույգ համրուկ: Բայց թագուհին կենդանիներին մեծ պատասխանատվությամբ էր վերաբերվում: Նա գիտեր, որ վայրի կենդանիները չեն կարող ապրել տան մեջ, նույնիսկ այդքան մեծ, որքան Բուքինգհեմյան պալատն է: Այդ պատճառով, բոլոր նվեր ստացած կենդանիներին տեղավորում էին Լոնդոնի կենդանաբանական այգում, որտեղ նրանց խնամում են մասնագիտացած մարդիկ:

Բայց ահա, պալատում ապրում էին Եղիզավետայի սիրելի շները: Թագուհին կորգի ցեղատեսակի մեծ սիրահար էր, իսկ նրա քույր Մարգարիտան տակսա էր պահում: Մի անգամ թագուհու կորգիներից մեկից և արքայադուստր Մարգարիտայի տակսայից շնիկներ ծնվեցին: Շնիկներն անչափ լավիկն էին: Նոր ցեղատեսակն անվանեցին «դորգի»: Այժմ դորգիները հայտնի են ամբողջ աշխարհում:

Իսկ դու՞ք գիտե՞ք, որ թագուհին միակ մարդն էր ամբողջ Մեծ Բրիտանիայում, որին ոստիկանությունը թույլ էր տալիս մեքենա վարել առանց վարորդական իրավունքի: Եվ չնայած իր պատկառելի տարիքին՝ թագուհին վերջերս էլ երբեմն մեքենա էր վարում :

Ավելին, թագուհին երկու ծննդյան օր ուներ: Նրա իրական ծննդյան օրը ապրիլի քսանմեկն է, երբ թագուհին աշխարհ էր եկել: Իսկ երկրորդը, պաշտոնական ծննդյան օրը, նշվում էր հունիս ամսվա որևէ շաբաթ օր: Օրն ընտրում էին ըստ եղանակի տեսության: Այն պետք է պարզ լիներ, քանի որ այդ օրը հատուկ շքերթ էին կազմակերպում: Մարդիկ Լոնդոն էին ժամանում ամբողջ Մեծ Բրիտանիայից և նույնիսկ՝ այլ երկրներից, որպեսզի տեսնեն Եղիզավետա թագուհուն իր ծննդյան օրը:

1.   Ինչի՞ մասին է խոսվում տեքստի մեջ.

   •   Այն մասին, թե ինչպես առաջացավ դորգի ցեղատեսակը:
   •   Մեծ Բրիտանիայի թագուհի Եղիզավետա երկրորդի մասին:

2. Արդյո՞ք թագուհի Եղիզավետա երկրորդը ղեկավարում էր բրիտանական թագավորությունը։

- Ոչ, չնայած Եղիզավետա երկրորդին համարում էին թագավորության սիմվոլ։
- Այո, Եղիզավետա երկրորդը կառավարում էր թագավորության ներքին և արտաքին գործերը։

3. Ինչպե՞ս էր Եղիզավետա երկրորդ թագուհին որոշում նվեր ստացած կենդանիների ճակատագրերը։

- Եղիզավետա երկրորդը նվեր ստացած կենդանիներին ուղարկում էր կենդանաբանական այգի, որպեսզի նրանց խնամեն մասնագետները։
- Եղիզավետա երկրորդը կենդանիներին թողնում էր, որ իր հետ ապրեն իր պալատում։

4. Ինչպե՞ս առաջացավ դորգի ցեղատեսակը։

- Դորգիին ստացել են հատուկ լաբորատորիայում՝ Եղիզավետա երկրորդ թագուհու պատվերով։
- Դորգիներն առաջին անգամ հայտնվել են, երբ թագուհու կորգիներից մեկից ու արքայադուստր Մարգարիտայի տակսայից շնիկներ ծնվեցին։

5. Ինչո՞վ կարելի է փոխարինել «միապետ» բառը «Նախկինում ոչ մի բրիտանական միապետ այդքան երկար չէր կառավարել երկիրը» նախադասության մեջ։

* թիթեռի տեսակ
* կառավարիչ

6. Ո՞ր տարբերակն է իր իմաստով հակադիր «ակտիվ» բառին «Չնայած իր պատկառելի տարիքին՝ թագուհին շատ ակտիվ կյանք էր վարում» նախադասության մեջ.

* հանգիստ
* բուռն

7. Լրացրե՛ք բաց թողնված բառերը.

յուրահատուկ   հետևեց   հյութեղ

* Այդահո և Օկլահոմա նահանգներում նկատվել է ___________ բնական երևույթ՝ ամպրոպի ժամանակ կայծակի ժայթքումը ծիածանի ֆոնի վրա:
* Այգում՝ դեղձի ծառերի վրա հասել են ___________ պտուղները:
* Իմ երքայրը ___________ իմ օրինակին և գնաց իրավաբանություն սովորելու:

Մոդուլ 1.3

Առավոտյան արևի շողերն արթնացրին քնած տղային: Երեկ նա շատ էր հոգնել և բոլորովին չէր ուզում արթնանալ առաջին շողերից: Տղան հագիվ էր վրեն քաշել բծավոր մորթին, որ թաքնվի արևից, երբ նրան թվաց, թե իր վրա սառը ջուր շփեցին:

9

Տղան վեր ցատկեց և շուրջը նայեց: Նա չէր քնել հյուղակում և ոչ էլ նույնիսկ քարանձավում, նա քնել էր տարածծված թփի տակ: Դա առավոտյան ցողով պատված ճյուղն էր, որ նա կիսարթուն՝ շփոթել էր մորթու հետ:

Տղան վերջնականապես արթնացավ: Այժմ նա հիշեց, որ ինքն այլևս տուն չունի: Երկու օր առաջ իր ամբողջ տոհմը փախել էր իրենց բնակավայրից, որը հայտնվել էր անտառային բուռն հրդեհի ճիրաններում: Կրակն այնպիսի արագությամբ էր լափել ամեն ինչ, որ մարդկանց նույնիսկ չէր հաջողվել իրենց ունեցվածքից մի փոքր բան փրկել: Երկու օր շարունակ նրանք դեգերեցին նոր բնակավայր գտնելու համար և ահա, երեկ երեկոյան կանգ առան այս մարգագետնում:

Տղան շուրջը նայեց: Մեծերից ոմանք արդեն գործի էին անցել: Նրանք բացատի կենտրոնում մամոնտների ոսկորներ ու ժանիքներ էին հավաքել, որ գտել էին ճանապարհին, ինչպես նաև զազանների մորթիներ, որոնք հաջողվել էր փրկել հրդեհից: Դրանց օգնությամբ նոր խրճիթներ են պատրաստելու:

Տղայի մայրը նստել էր ոչ հեռու և մորթիներից մեկն էր նորոգում: Նկատելով, որ նա արթնացավ՝ մայրը խնդրեց անտառ գնալ և ուտելիք փնտրել: Անտառ գնալ՝ տղան շատ էր սիրում, ահա թե ինչու միանգամից վազեց, որ պատրաստվի: Նա ունաթաթերը փաթաթեց բարակ կաշվով, իսկ ներբանների փոխարեն կաշվին ծղոտ ամրացրեց: Տղան այսպիսով կարող էր պաշտպանել իր ոտքերը սուր քարերից ու փշերից: Նա իր վրա նույնպես փափուկ մորթի փաթաթեց: Տղայի հայրը երկար ամիսներ ծմեռային գիշերներին ատամներով ծամծմել էր այս մորթին՝ հատուկ իր համար: Տղան չգիտեր, թե ով է հորինել վայրի զազանների կաշին ատամներով մշակելը, բայց վերջինիս փափուկ հպումից նրա անհանգստությունը նվազեց:

Իր հետ վերցնելով կաշվե պարկը՝ տղան վազելով խորացավ

անտառի մեջ: Տարվա այդ եղանակին հատապտուղներ ու մրգեր կարելի էր գտնել գրեթե ամեն քայլափոխի: Առաջին հատապտուղը տղան գցեց բերանը, բայց մնացածները ջանասիրաբար տեղավորեց պարկի մեջ: Նրա աչքին տարօրինակ մրգեր ընկան: Նախկինում նա այդպիսիք չէր տեսել, այդ պատճառով էլ որոշեց մի քանի հատ հավաքել, որպեսզի մեծերը որոշեն՝ կարելի է արդյոք դրանք ուտել:

Մրգեր հավաքելիս նա դեմ առավ մի երիտասարդ ծառի և չհավատաց իր աչքերին: Ծառի ներքևի ճյուղին մի բույն կար, իսկ նրա մեջ՝ մի քանի ձվեր: Ա՛յ քեզ հաջողություն... Տղան բնից խնամքով հանեց ձվերը և զգուշորեն տեղավորեց պարկի մեջ: Նախաճաշն այսօր արքայական է լինելու...

Ընտանիք վերադառնալով՝ տղան ցույց տվեց իր ավարը: Հետո, կրտսեր եղբոր հետ միասին, նա սկսեց խարույկ վառել չոր ճյուղերից ու խոտերից: Երբ կրակը բռնկվեց, տղան դրա վրա տափակ քար դրեց, սպասեց մինչև որ այն տաքանա, իսկ հետո ձուն ջարդեց քարի վրա: Քարե գործիքներ օգտագործելը տնային գործերի մեջ և որսի ժամանակ՝ չափազանց հարմար էր:

Նախաճաշն ստացվեց համեղ և հագեցնող: Ուտելու ժամանակ հայրիկը պատմեց, որ այդ առավոտ նրանք հասցրել են փորել-վերջացնել որսորդական փոսը և, նույնիսկ, ծածկել են դրանք տերևներով: Հիմա բոլորն սպասում էին, թե երբ է փոսի մեջ մի ինչ-որ խոշոր կենդանի ընկնելու, ասենք՝ մամոնտ: Ճիշտ է՝ շրջակայքում դեռ կենդաններ չէին հայտնվել, այդ պատճառով որոշել էին գնալ ձկնորսության:

Տղան անմիջապես խնդրեց, որ հայրն իրեն էլ վերցնի իր հետ: Նրան դեռևս թույլ չէին տալիս փոս փորել և որսի մասնակցել՝ բացատրելով, որ ինքը դեռ փոքր է դրա համար: Բայց ահա, ձկնորսության համար՝ հայրիկը համաձայնեց նրան վերցնել: Տղան վազեց, որ վերցնի ձկնորսական ցանցը: Նրան տատիկն էր սովորեցրել հատուկ ամուր խոստերից ցանց գործել, և այդ ցանցը նա ինքն էր հյուսել՝ դուրս հանելով այն հին հյուղակից:

Որսն այնքան էլ մեծ չէր, այդ պատճառով ընթրիքն առքատիկ էր և շատ արագ վերջացավ: Տղան մտածեց, որ աշխարհի վերջը չէ: Վաղը նորից կգնա անտառ ու կհավաքի այն տարօրինակ մրգերից, որոնք կարելի էր ուտել:

Բացատում մեծ խարույկ վառեցին, և ամբողջ տոհմը հավաքվեց նրա շուրջը: Սովորաբար ընթրիքից հետո պարեր էին կազմակերպում, բայց այսօր բոլորը հոգնել էին: Առաջին օրը նոր միջավայրում բոլորն ստիպված էին քրտնաջան աշխատել: Տատիկը, որի շուրջը հավաքվել էին երեխաները, սկսել էր ծկնորսական մի հին պատմություն պատմել: Տղան ականջի ծայրով էր լսում նրան, իսկ իրականում մտածում էր այն մասին, որ եթե ավելի խիտ ծկնորսական ցանց հյուսեն, այնտեղ ոչ միայն խոշոր այլ նաև մանր ծկնիկներ կրնկնեն: Նա փակեց աչքերը և ինքն էլ չնկատեց, թե երբ քնեց տատիկի խաղաղ ծայնի ներքո:

Երազում նա կանգնել էր գետափին, իսկ ճերջին նոր գործած խիտ ցանցն էր: Տղան դա նետեց գետը և քաշեց: Ցանցը դժվարությամբ էր դուս գալիս, և նա մտածում էր, որ իրեն շա՛տ ծկներ են բաժին հասել: Բայց, երբ նա ցանցը ափ հանեց, պարզվեց, որ այնտեղ հսկա՛ մամոնտ է...

1.	Ինչի՞ մասին է խոսվում տեքստի մեջ.

•	Նախնադարյան ժամանակներում ապրող տղայի կյանքից վերցրած մի օրվա մասին:

•	Այն մասին, թե ինչպես էին նախնադարյան մարդիկ մամոնտ որսում:

2.	Ինչո՞ւ էին տղան և իր տոհմակիցները փախել իրենց բնակավայրից.

•	Որովհետև բնակատեղին հեղեղվել էր հորդառատ անձրևային եղանակից հետո:
•	Որովհետև բնակատեղին այրվել էր անտառային ուժգին հրդեհից:

3.	Ինչպե՞ս էր ընդունված մշակել գազանի մորթին տղայի բնակավայրում, որպեսզի այն հնարավոր լինի հագնել.

•	Կաշին ծամծմում էին ատամներով, որպեսզի այն փափկի:
•	Կաշին թրջում էին ջրում և չորացնում կրակի վրա:

4.	Ի՞նչ ժամանցներ էր հաճախ կազմակերպում տղայի տոհմը ընթրիքից հետո.

•	Նրանք քարանձավների պատերին որսի տեսարաններ էին նկարում:
•	Ընթրիքից հետո նրանք հաճախ էին պարեր կազմակերպում խարույկի շուրջը:

5.	Ինչո՞վ կարելի է փոխարինել «ականջի ծայրով» արտահայտությունը «Տղան ականջի ծայրով էր լսում նրան, իսկ իրականում մտածում էր այն մասին, որ եթե ավելի խիտ ճկնորսական ցանց հյուսեն, այնտեղ ոչ միայն խոշոր այլ նաև մանր ձկնիկներ կընկնեն» նախադասության մեջ.

•	կասկածելի
•	անուշադիր

6. Ո՞ր տարբերակն է իր իմաստով հակադիր «ինամքով» բառին
«Տղան բնից ինամքով հանեց ձվերը և զգուշորեն
տեղավորեց պարկի մեջ: Նախածաշն այսօր արքայական է լինելու...»
նախադասության մեջ.

- Կոպիտ
- զգույշ

7. Լրացրե՛ք բաց թողնված բառերը.

մարթեց hոգնեցնող կասկածում

- Պարզվեց, որ հարևան քաղաք տանող ճանապարhը երկար էր
ու _______________ :
- Կողքով անցավ դպրոցի տնօրենը և hրաշալի օր ___________
մեզ:
- Համացանցում մենք hաճախ ենք տեղեկատվություն կարդում
և ___________ նրա ճշմարտացիությանը:

Մոդուլ 1.4

Սուպերմարկետում Լիլիթը չէր համբերում, որ hասնեն
բանջարեղենի բաժին և ստիպում էր մայրիկին արագ գնալ, որն այնքան
էլ չէր շտապում և երկար կանգ էր առնում տարբեր տաղավարների մոտ:

—Մայրի՛կ, ահա և գունավոր գազարները, որոնք ես այնպե՛ս
ուզում եմ փորձել դեռ երեկվանից, — ասաց Լիլիթը:

—Օ՛, իսկապես գունավոր են: Ահա թե ու՛ր է hասել գիտությունը, —
զարմացած բացականչեց մայրիկը՝ նայելով դեղին, սպիտակ և նույնիսկ
մանուշակագույն գազարներին:

14

—Գիտություններն այստեղ կապ չունի՛, — չհամաձայնեց Լիլիթը: — Վայրի բնության մեջ գազարը հազվադեպ է լինում նարնջագույն: Դու երբևէ լսե՞լ ես Վիլյամ Օրանսկու մասին:

—Կարծեմ՝ այդպիսի թագավոր է եղել, — պատասխանեց մայրիկը:

—Շատ ճիշտ է, — հաստատեց Լիլիթը: — Հոլանդացի թագավոր:

Շատ տարիներ առաջ, երբ մարդիկ դեռևս չէին կարողանում դաշտերում գազար աճեցնել, հավաքում էին բնության մեջ վայրի ձևով աճած գազարները: Այդ հեռավոր ժամանակներում մարդիկ հաճախ հանդիպում էին սպիտակ պտղարմատներով գազարների: Ուտելու համար այն շատ պինդ ու բոլորովին անհամ է եղել: Կարծես՝ փայտի մի կտոր ծամես:

Ժամանակի ընթացքում մարդիկ սովորեցին տնտեսության մեջ գազար աճեցնել: Այդ գազարի արմատապտուղը դեռևս սպիտակ էր, բայց մարդիկ հաճախ սննդի մեջ ոչ թե դրանք, այլ տերևներն էին օգտագործում, որոնք աճում էին գետնի վրա: Անշուշտ, նրանք ժամանակ առ ժամանակ արմատապտուղներ նույնպես ուտում էին: Երբեմն նրանց բաժին էր ընկնում այնպիսի գազարներ, որոնք այնքան էլ դառնահամ չէին: Այդ դեպքում մարդիկ աշխատում էին ցանել հենց այդպիսի՝ ավելի քաղցր գազարների սերմեր: Այդ ժամանակ գազարների արմատապտուղները դեռևս ավելի հաճախ սպիտակ էին լինում, բայց երբեմն կարելի էր հանդիպել դեղին և մանուշակագույն գազարների, իսկ երբեմն էլ նարնջագույն, բայց շատ հազվադեպ:

Այդպես անցավ մի քանի հարյուրամյակ: Իսկ 16-րդ դարում Հոլանդիայում նոր թագավոր թագադրվեց Վիլյամը՝ Օրանսկի ազգանունով: Հոլանդերեն «Օրանսկի» թարգմանաբար նշանակում է հենց նարնջագույն: Վիլյամ թագավորը ղեկավարում էր իր երկիրը Իսպանիայի դեմ պատերազմի ժամանակ, որ շարունակվում էր արդեն 80 տարի: Նրա գլխավորությամբ Հոլանդիային հաջողվեց հաղթող դուրս գալ և վերջապես դառնալ ինքնիշխան պետություն: Ի նշան Վիլյամի հանդեպ ունեցած երախտագիտության՝ հոլանդացիները նարնջագույնը հռչակեցին ազգային գույն: Նրանք նարնջագույն էին ներկում տները, մեծ քանակությամբ նարնջի ծառեր էին տնկում և դեռ երկար տոնում էին անկախությունը:

Որոշ մարդիկ կարծում են, որ հենց այդ ժամանակ Վիլյամ Օրանսկու պատվին հոլանդացիները աճեցրին նարնջագույն գազարը: Բայց իրականում դա այդպես չէ: Նարնջագույն գազար նախկինում էլ էր հանդիպում բնության մեջ, պարզապես՝ ոչ այդքան հաճախ: Իսկ ահա հոլանդական կլիմայական պայմաններում այն լավ էր աճում և գերազանց բերք էր տալիս: Այդ պատճառով, Իսպանիայի դեմ տարած հաղթանակից հետո, հոլանդացիներն սկսեցին այն աճեցնել ավելի մեծ քանակությամբ և նույնիսկ վաճառել հարևան երկրների վրա:

—Ի՞նչ հետաքրքիր պատմություն է, — ասաց մայրիկը, երբ Լիլիթն ավարտեց իր պատմությունը: — Իսկ դու գիտե՞ս, թե որտեղից է նարնջագույն գազարն ստանում իր երանգը:

Լիլիթը բացասաբար տարուբերեց գլուխը:

—Դրան նպաստում է վիտամին A-ն, — բացատրեց մայրիկը: Այն շատ օգտակար է մեր իմունային համակարգի, աչքերի առողջության և աճի համար: Այդ է պատճառը, որ երեխաներին ասում են. «Եթե ուզում ես մեծանալ, գազար շատ կեր»:

—Իսկ դուք գիտե՞ք, — խոսակցությանը միացավ մրգերով լի սկուտեղի մոտ կանգնած վաճառողուհին, — որ այլ երանգի գազարները նույնպես շատ օգտակար են: Օրինակ՝ մանուշակագույնը պարունակում է այնպիսի կենսանյութեր, որոնք օժանդակում են մեր սրտին:

Իմանալով այդ մասին՝ մայրիկն ու Լիլիթը որոշեցին, որ այդուհետ պետք է գնեն բոլոր գույների գազարները:

1. Ինչի՞ մասին է խոսվում տեքստի մեջ.

- Այն մասին, թե ինչպես ճիշտ ձևով գազար աճեցնել:
- Գազարի տարբեր տեսակների և նրանց ի հայտ գալու պատմության մասին:

2. Գազարի ի՞նչ գույներ են հանդիպում վայրի բնության մեջ.

- Դեղին, սպիտակ և մանուշակագույն:
- Դեղին, սպիտակ, մանուշակագույն և նարնջագույն:

3. Ինչի՞ մեջ է կայանում Վիլյամ Օրանսկու վաստակը.

- Նրա շնորհիվ Հոլանդիան հաղթող դուրս եկավ Իսպանիայի հետ պատերազմում:
- Նա աճեցրեց նարնջագույն գազարը:

4. Ի՞նչն է նարնջագույն գազարին այդպիսի գույն հաղորդում.

- Հոլանդիայի յուրահատուկ կլիման
- վիտամին Ա-ն

5. Ինչո՞վ կարելի է փոխարինել «գլխավորությամբ» բառը «Նրա գլխավորությամբ Հոլանդիային հաջողվեց հաղթող դուրս գալ և վերջապես դառնալ ինքնիշխան պետություն» նախադասության մեջ.

- ղեկավարությամբ
- վեհափառությամբ

6. Ո՞ր տարբերակն է իր իմաստով հակադիր «ինքնիշխան» բառին «Նրա գլխավորությամբ Հոլանդիային հաջողվեց հարթող դուրս գալ և վերջապես դառնալ ինքնիշխան պետություն» նախադասության մեջ.

- ազատ
- ենթակա

7. Լրացրե՛ք բաց թողնված բառերը.

                                խաղալով   թարմացնում է   խճճված

- Փիսիկը կռացրեց մեջքը և __________ վեր ցատկեց:
- Պարզվեց, որ խաղի կանոնները մի քիչ __________ են:
- Մայրիկը պնդում է, որ սուրճն իրեն __________ առավոտյան:

Մոդուլ 1.5

«Հյուսթոն, Հանգստության բազան այստեղ է: «Արծիվ»-ը վայրէջք կատարեց»... Սրանք այն բառերն են, որ առաջին անգամ հնչեցին Լուսնի վրա: Դրանք պատկանում են մեծ տիեզերագնաց Նիլ Արմստրոնգին, ով առաջինն է ոտք դրել Լուսնի վրա:

1969 թվականի հուլիսի տասնվեցին Ապոլլոն 11 տիեզերանավն արձակվեց ԱՄՆ-ի Ֆլորիդա նահանգի Քենեդու տիեզերական կենտրոնից: Այն պետք է վայրէջք կատարեր Լուսնի վրա: Տիեզերանավի մեջ էին գտնվում տիեզերագնացներ Նիլ Արմսթրոնգը, Մայքլ Քոլինզը և Էդվին Օլդրինը, որ ավելի հայտնի է «Բազզ» մականվամբ: Նրանք շատ լուրջ առաքելություն ունեին:

1961 թվականի ապրիլի տասներկուսին մեկնարկվեց առաջին մարդու թռիչքը դեպի տիեզերք, դա Ապոլլոն 11 տիեզերանավի թռիչքից ութ տարի առաջ էր: Այդ ժամանակ տիեզերագնաց Յուրի Գագարինը 108 րոպեի ընթացքում երկրագնդի ուղեծրով պտույտ կատարեց նրա շուրջը: Ապոլլոն 11-ի անձնակազմի առջև նոր խնդիր էր դրված: Նրանք պետք է վայրէջք կատարեին Լուսնի վրա: Տարիներ առաջ դեռևս ոչ ոք չէր կարող պատկերացնել, որ այն կարող է իրականություն դառնալ:

Երբ տիեզերանավը մտավ Լուսնի ուղեծրի մեջ, նրանից անջատվեց «Արծիվ» կոչվող մոդուլը: Հենց այնտեղ էին գտնվում երեք տիեզերագնացները: Մոդուլը Լուսնի վրա իջեցնելու համար նրանք միայն մեկ հնարավորություն ունեին՝ կատարել վթարային վայրէջք, որը շատ վտանգավոր էր: Իհարկե, դեռևս հնարավոր էր չեղարկել վայրէջքը և Լուսնի ուղեծրից դուրս գալով՝ հետ վերադառնալ երկիր:

Հունիսի քսանին, տիեզերքում քառօրյա ճանապարհորդությունից հետո, «Արծիվ»-ն իջավ Լուսնի մակերևույթին: 650 միլիոն մարդ ամբողջ աշխարհից հեռուստաէկրանների առջև նայում էին, թե ինչպես է հրամանատար Արմստրոնգն առաջին քայլերն անում Լուսնի վրա: Ոչ ոք նույնիսկ չէր կասկածում, թե վայրէջքի ընթացքում որքան վտանգներ ու անսպասելի խնդիրներ են ծառացել տիեզերագնացների ու Հյուսթոնի թռիչքների կառավարման կենտրոնի առջև: Այդ ամբողջ ժամանակ և՛ տիեզերքում, և՛ երկրի վրա լարված աշխատում էին մարդիկ, որպեսզի հարթեն բոլոր խոչընդոտները և պաշտպանեն տիեզերագնացների կյանքը:

Երբ Լուսնի մակերևույթից մնացել էր մոտավորապես ինը կիլոմետր, «Արծիվ» մոդուլում հնչեց տագնապի նշանը: Ոչ Արմստրոնգը, ո՛չ էլ նրա թիմը չգիտեին, թե ինչ է նշանակում այդ կոդը: Նրանցից ոչ ոք չէր առերեսվել այդպիսի խնդրի հետ վարժանքների ժամանակ: Տիեզերագնացները կապվեցին Հյուսթոնի հետ, բայց վերջիններս խորհուրդ տվեցին ուշադրություն չդարձնել սխալի վրա և պարզապես շարունակել թռիչքը: Պարզվում է` այդ կոդը նշանակում էր, որ կենտրոնական համակարգիչը գերծանրաբեռնված է և ադ պատճառով է սկսել սխալներ թույլ տալ: Արդյունքում Արմսթրոնգն ստիպված էր ձեռքով կատարել վայրէջքի կառավարումը: 1969 թվականի հուլիսի քսանին, Հյուսթոնի ժամանակով ուղիդ ժամը 15:17:40-ին, «Արծիվ»-ը վայրէջք կատարեց:

Չնայած, որ առաքելության առաջին մասը բարեհաջող անցավ, տիեզերագնացների տուն վերադարձը վտանգի տակ էր: Լուսնի մակերևույթի վրա ունեցած զբոսանքից հետո, որը ժամ ու կես տևեց, Արմսթրոնգն ու Օլդրինը վերադարձան «Արծիվ» մոդուլ: Ոչ ոք չգիտի, թե ինչպես էր դա պատահել, բայց տիեզերագնացները նկատեցին, որ կառավարման վահանակի վրա մի լծակ էր պակասում: Այն կոտրվել և ընկել էր հատակին` լուսնափոշու ոչ մեծ կույտի տակ: Դա այն լծակն էր, որի օգնությամբ «Արծիվ»-ը պետք է ուղեծիր վերադառնար: Մինչ Արմսթրոնգն ու Օլդրինը հանգստանում էին տիեզերանավի մեջ, թռիչքների կառավարման կենտրոնում փորձում էին գտնել այդ խնդրի լուծումը, բայց այդպես էլ չկարողացան որևէ բան մտածել:

Կարճ նիրհից հետո Արմսթրոնգը նորից նայեց կառավարման վահանակին: Նա նկատեց, որ լծակի ծայրը դեռևս տեղում է: Եթե այն հնարավոր լիներ սեղմել, համակարգը նորից կաշխատեր: Ցավոք, անցքը, որի մեջ կորել էր լծակի ծայրը, շատ փոքր էր` նույնիսկ ճկույթի համար: Այդ ժամանակ Արմսթրոնգը փորձեց սեղմել լծակը գնդիկավոր գրչի բարակ ծայրով: Մինչև հիմա անհավանական է թվում, բայց արդյունքն ակնհա՛յտ էր... «Արծիվ» մոդուլը տուն վերադառնալու համար նորից պատրաստ էր մեկնարկի:

Երբ «Արծիվ» մոդուլը բարեհաջող վայրէջք կատարեց Խաղաղ օվկիանոսի ջրերի վրա, ամբողջ աշխարհը թեթևացած շունչ քաշեց: Տիեզերագնացները տանն էին: Իրականում դա դեռ բոլորը չէր: Գիտնականները չգիտեին, թե տիեզերագնացները, անկախ իրենց 20 ցանկության, տհեզերական ինչպիսի մանրէներով ու բակտերիաներով կարող էին վարակվել ու իրենց հետ երկիր բերել: Այդ պատճառով, վայրէջքից հետո, պահպանելով բոլոր նախազգուշական միջոցները, տհեզերագնացները գնացին հատուկ լաբորատորիա, որտեղ համապատասխան մասնագետները բազմաթիվ հետազոտություններ անց կացրին: Բարեբախտաբար տիեզերագնացների օրգանիզմում ոչ մի վտանգավոր մանրէ կամ բակտերիա չհայտնաբերվեց:

1969 թվականի օգոստոսի քսանին, Ապոլլոն 11-ի արձակումից մեկ ամիս անց, ամբողջ թիմը նորից վերադարձավ առօրյա կյանքին: Նրանց ուղևորությունը լի էր վտանգներով, բայց նրանք պատվով հաղթահարեցին դրանք՝ նոր էջ բացելով տիեզերքի ուսումնասիրության համար:

1. Ինչի՞ մասին է խոսվում տեքստի մեջ.

- Առաջին անգամ դեպի Լուսին թռիչքի մասին:
- Առաջին անգամ օվկիանոսի հատակը սուզվելու մասին:

2. Ո՞վ և ինչպես նորոգեց «Արծիվ» մոդուլը.

- Նիլ Արմստրոնգը կարողացավ սովորական գնդիկավոր գրիչով սեղմել կոտրված լծակի ծայրին:
- Յուրի Գագարինը նոր լծակ գտավ «Արծիվ» մոդուլում:

3. Ինչո՞վ է հայտնի Յուրի Գագարինը.

- Յուրի Գագարինը ինժեներ է, որ ստեղծել է «Արծիվ» մոդուլը:
- Յուրի Գագարինն առաջին մարդն է, որ եղել է տիեզերքում:

4.   Սկզբում որտե՞ղ հայտնվեցին տիեզերագնացները, երբ վայրէջք
կատարեցին երկրի վրա.

- Ֆլորիդա նահանգի քաղաքների օդանավակայաններից
մեկում:
- Խաղաղ օվկիանոսի ջրերի վրա:

5.   Ինչո՞վ կարելի է փոխարինել «բարեհաջող» բառը «երբ «Արծիվ»
մոդուլը բարեհաջող վայրէջք կատարեց Խաղաղ օվկիանոսի ջրերի վրա,
ամբողջ աշխարհը թեթևացած շունչ քաշեց» նախադասության մեջ.

- հաջող
- դանդաղ

6.   Ո՞ր տարբերակն է իր իմաստով հակադիր «խորհուրդ տվեցին»
արտահայտությանը «Տեգերագնացները կապվեցին Հյուսթոնի հետ,
բայց վերջիններս խորհուրդ տվեցին ուշադրություն չդարձնել սիսալի վրա
և պարզապես շարունակել թռիչքը» նախադասության մեջ.

- ետ պահեցին
- առաջարկեցին

7.   Լրացրե՛ք բաց թողնված բառերը.

                        ցուցադրեց   վերջնական   առաջ անցա

- Մեր ____________ խնդիրը կայանում էր նրանում, որ մինչև
մուրն ընկնելը լաստանավով անցնենք գետը:
- Յոզայի հրահանգիչը ____________ հերթական ոչ դյուրին

դիրքը:

- Հեծանվավազքի մրցույթի վերջում ես արագություն հավաքեցի
և ___________ հինգ մրցակիցներից:

Մոդուլ1.6

Հազարավոր տարիներ առաջ նախնադարյան մարդիկ սկսեցին ընտարկեցնել ու ընտելացնել վայրի կենդանիներին: Ընտելացած կենդանիների մեծ մասը հույժ կարևոր էին տնային տնտեսության համար: Օրինակ, կովերը կաթ ու միս էին տալիս, ոչխարներից կարելի էր բուրդ ստանալ, ձիերին օգտագործում էին որպես փոխադրամիջոց, իսկ շները պահպանում էին տունն ու օգնում որսի ժամանակ: Ինչպե՞ս մարդիկ որոշեցին ընտելացնել կատվին, և ինչպես դա տեղի ունեցավ:

Երկար ժամանակ կարծում էին, որ կատվին առաջին անգամ ընտելացրել են Հին Հռոմում: Սակայն 2004 թվականին հնագիտական պեղումների ժամանակ Կիպրոս կղզում հայտնաբերվեցին հին դամբարաններ, որոնք շատ զարմացրին կատուների հետազոտողներին: Մարդու մնացորդների կողքին, նրանից ընդամենը քառասուն սանտիմետր հեռավորության վրա, գտան ութ ամսեկան կատվի մնացորդներ: Հետազոտողները պարզեցին, որ Կիպրոսում այդ թաղումը տեղի էր ունեցել Եգիպտոսում կատուն ընտելացնելուց չորս հազար տար ավելի շուտ:

Ուշագրավ է, որ Կիպրոսում վաղ ժամանակներում վայրի կատուներ չէին ապրում: Ինչպես նաև, հնագույն վայրի կատուներն ինքնուրույն չէին կարող կղզի հասնել, քանի որ Կիպրոսը կղզի է Միջերկրական ծովում: Այդ պատճառով գիտնականները եկան այն եզրահանգման, որ հին վերաբնակիչներն են կատուներին նավակներով Կիպրոս բերել:

Հարց է ծագում՝ որտեղի՞ց էին ընտելացած կատուները հայտնվել Կիպրոսում, և ի՞նչ ձևով էին նրանց առաջին անգամ ընտելացրել: Հետազոտողները կարծում են, որ ժամանակակից ընտանի կատուները, որոնք տարածվել են ամբողջ աշխարհում, սերվել են վայրի կատվի մեկ ընդհանուր տեսակից: Վայրի կատվի այս տեսակը դեռևս գոյություն ունի բնության մեջ: Կատվի նախահայրն իր արտաքինով նույնիսկ շատ ավելի է նման իր ժամանակակից ցեղակիցներին: Կարծում են, որ այս վայրի կատուներին առաջին անգամ ընտելացրել են Մերձավոր Արևելքում՝ մոտավորապես տաս հազար տարի առաջ:

Գիտնականները կարծում են, որ այս կենդանու ընտելացման գործընթացը եղել է բավականին դժվար և երկար: Այնուամենայնիվ, կատուների և շների ընտելացման գործում եղել է մեկ ընդհանուր բնորոշ գիծ: Ինչպես շները, կատուները նույնպես իրենք են սկսել մոտենալ մարդկային բնակավայրերին, երբ նրանց մոտ ամբարներ հայտնվեցին: Ամբարներում պահվում էր հացահատիկի բերքը: Իսկ ինչպես հայտնի է՝ հացահատիկ շատ են սիրում անուշ անել մկներն ու մնացած կրծողները: Իսկ իրենց հերթին՝ ինչե՞րն են սիրում ուտել կրծողներին: Ճի՞շտ է՝ կատուները: Մարդիկ չէին կարող չնկատել կատուների օգտակարությունը: Չէ՞ որ կրծողները փչացնում էին հավաքած բերքը: Իսկ ահա կատուները, ուտելով կրծողներին, օգնում էին անվնաս պահել այն:

Ընտելացած կատուները հայտնվեցին Եգիպտոսում մոտավորապես 3-4 հազար տարի առաջ : Ըստ մի վարկածի՝ նրանք այստեղ են հայտնվել Մերձավոր Արևելքից, ըստ մյուս վարկածի՝ Եգիպտոսում են կատուներին ընտելացրել: Եգիպտոսում կատուներին համարում էին սրբազան կենդանիներ, և նրանց այլ շրջաններ տեղափոխելն արգելված էր: Այնուամենայնիվ, ժամանակի ընթացքում կատուները հայտնվեցին նաև Հին Հունաստանում, իսկ Հռոմում մոտավորապես 2.5 հազար տարի առաջ: Այդ ժամանակ հույներն ու

24

հռոմեացիները կրծողների դեմ պայքարում օգտագործում էին տնային կզաքիսներ, իսկ կատուներին պահում էին հետաքրքրասիրության համար: Հունաստանից և Հռոմից կատուները տարածվեցին Հեռավոր Արևելքում, Չինաստանում: Միայն չորրորդ դարից սկսած՝ կատուներին սկսեցին հատուկ օգտագործել մկներ որսալու համար: Արդեն տասերորդ դարին մոտ կատուների կարելի էր հանդիպել նաև Եվրոպայում և Ասիայում:

Ընտելանալուց հետո կատուներն իրենց չափերով ավելի փոքրացան: Չնայած դրան՝ հիմա նրանց մորթու գույներն ավելի խայտաբղետ են դարձել: Եթե վայրի կատուները հիմնականում եղել են գորշ ու բծավոր, այսօր կարելի է հանդիպել տարբեր գույների ու երանգների ընտանի կատուների: Մարդիկ նպատակադրված կերպով սկսեցին կատուների ցեղատեսակներ ստանալ միայն 19-րդ դարում, և այսօր գոյություն ունեն վերջիններիս 40-50 ցեղատեսակներ:

Եթե համեմատենք կատուներին շների հետ, ապա պարզ կդառնա, որ շներն ավելի շատ ու երկար են ենթարկվել սելեկցիայի(ընտրասերման): Շունը ընտանի է դարձել մոտավորապես 30 հազար տարի առաջ, կատուն՝ գրեթե 10 հազար տարի առաջ: Ի սկզբանե շներին սովորեցրել են կատարել տարբեր աշխատանքներ՝ պահպանել, որս անել, հովվություն անել հոտին: Բացի մուկ բռնելուց, կատուներն այլ աշխատանք չեն ունեցել, իսկ կրծողներ որսալ՝ կարող էին նաև նրանց վայրի տեսակները: Մարդն ստացել է շների այնպիսի ցեղատեսակներ, որոնք շատ ցայտուն են տարբերվում մեկը մյուսից. պստլիկ չիխուախուայից սկսած մինչև հսկա մաստիֆներն ու դոգերը: Այնուամենայնիվ, կատուների տարբեր ցեղատեսակները մինչև հիմա շատ նման են միմյանց: Կատուների սելեկցիա է տեղի ունեցել հիմնականում նրանց վարքագիծը հաշվի առնելով. մարդիկ ստացել են այնպիսի կատուներ, որոնք եղել են ամենամարդամոտն ու քնքուշը:

Մենք հաճախ ենք ասում, որ կատուները գրավել են աշխարհը: Եվ դա մասամբ է կատակ: Աշխարհում կատուների քանակն այնքան է աճել, որ կարելի է մտածել՝ նրանք իսկապես գլխավորն են երկրագնդի վրա: Իսկ միգուցե, իսկապե՞ս այդպես է...

1. Ինչի՞ մասին է խոսվում տեքստի մեջ.

   • Կատուների տարբեր ցեղատեսակների մասին:
   • Կատուների ընտելացման պատմության մասին:

2. Ինչու՞ Կիպրոսի գտածոն զարմացրեց կատուներ հետազոտողներին.

   • Կիպրոսի գտածոն ապացուցեց, որ կատուներին առաջին անգամ ընտելացրել են ո՛չ Եգիպտոսում, ինչպես կարծում էին երկար ժամանակ:
   • Որովհետև անհասկանալի էր, թե ինչպես էին կատուները հայտնվել կղզում:

3. Ինչպե՞ս ենթադրաբար տեղի ունեցավ կատուների ընտելացումը.

   • Մարդիկ կատուներ էին բռնում և ստիպում նրանց մկներ որսալ:
   • Կատուներն սկսեցին մարդկանց մոտ ապրել, որովհետև բերքի ամբարման վայրերում կային բազմաթիվ կրծողներ:

4. Ինչպիսի՞ կատուների էին ընտելացնում.

   • Բծավոր երանգով կատուներին

- Ամենամարդամոտներին և քնքուշներին:

5. Ինչո՞վ կարելի է փոխարինել «անուշ անել» արտահայտությունը
«իսկ ինչպես հայտնի է՝ հացահատիկ շատ են սիրում անուշ անել մկներն
ու մնացած կրծողները» նախադասության մեջ.

- խաղալ
- հաճույքով ուտել

6. Ո՞ր տարբերակն է իր իմաստով հակադիր «վայրի» բառին «Ինչպես
նաև,հնագույն վայրի կատուներն ինքնուրույն չէին կարող կոզի հասնել,
քանի որ Կիպրոսը կոզի է Միջերկրական ծովում» նախադասության մեջ.

- ընտանի
- ոչ ազնվացեղ

7. Լրացրե՛ք բաց թողնված բառերը.

ընտրությունն է   ընտելացրել   տխուր-տրտում

- Սելեկցիան դա մարդու համար ավելի արժեքավոր բույսերի ու
կենդանիների տեսակների ______________ :
- Տիգրանն ուզում էր քնել և այդ պատճառով ____________
գնաց ֆիզկուլտուրայի դասերին:
- Մեր Քնքուշիկ կատվին տատիկն է____________ ,երբ նա դեռ
ձագուկ էր:

Մոդուլ 1.7

Ինչպե՞ս կկարվեիք դուք, եթե սպասք լվացող մեքենա չունենայիք, իսկ ձեռքով աման լվանալը ձեզ դուր չգար: Կշարունակեի՞ք դա անել ձեր կամքին հակառակ: Ամերիկուհի Ջոզեֆին Քոքրեյնը այնպե՞ս չէր սիրում աման լվանալ, որ ... ստեղծեց սպասք լվացող մեքենան:

Ջոզեֆինը պաշտում էր գեղեցիկ անտիկ սպասքը: Երբ նա ամուսնացավ հաջողակ գործարար Ուիլյամ Քոքրեյնի հետ, Ջոզեֆինը հաճախ էր իր տանը հյուրընկալություն կազմակերպում: Այդպիսի ընդունելության ժամանակ հյուրասիրությունը կատարվում էր ճենապակյա սպասքով, որը որպես ժառանգություն փոխանցվել էր Ջոզեֆինի ընտանիքին դեռևս 1600 թվականներին...Հյուրերին հիացմունք էր պատճառում ապրանքի բարակ ու նրբագեղ աշխատանքը : Չէ՞ որ Ջոզեֆինը համարվում էր Իլինոյս նահանգի բարձրաշխարհիկ տիկիններից մեկը: Ամեն ինչ լավ կլիներ, եթե չլիներ մի շատ տհաճ խնդիր: Լինում էր այնպես, որ երբ սպասուհիներն այդպիսի երեկույթներից հետո լվանում էին ամանները, պատահաբար խփում էին դրանք լվացարանակոնքին: Սպասքից փոքրիկ կտորներ էին պոկվում: Հյուրասիրել թեկուզ և թեթևակի կոտրված ամաններով՝ քաղաքավարի չէր, իսկ ամեն անգամ նորը գնելը չափազանց թանկ կնստեր:

Ջոզեֆինը սպասավորներին չազատեց աշխատանքից՝ առողջ դատելով, որ նման բան կարող է պատահել յուրաքանչյուրի հետ: Դրա փոխարեն նա որոշեց ամաններն անձամբ լվանալ: Ակնհայտ է, որ հենց առաջին անգամ լվանալուց հետո նա հասկացավ, որ դա ճանճրալի զբաղմունք է, այն էլ՝ աշխատատար: Իհարկե, կարելի էր երեկույթների համար պարզապես էժան սպասք գնել: Բայց լինելով բարձրաշխարհիկ և բավականին հայտնի ընտանիքի տանտիկին՝ Ջոզեֆինը պարզապես չէր կարող իրեն նման բան թույլ տալ:

Այդ պատճառով, երկար մտածելուց հետո, Զոգեֆինը մի շատ համարձակ լուծում գտավ հարցի համար: Իրեն մի այնպիսի մեքենա էր անհրաժեշտ, որ իր փոխարեն զգուշությամբ կկվանար սպասքը: Գնալ խանութ և գնել այդպիսի մեքենա` Զոգեֆինը չէր կարող.... որովհետև ապրում էր 19-րդ դարում, երբ նման մեքենաներ պարզապես գոյություն չունեին: Մինչ այդ գյուտարարներն արդեն փորձել էին ստեղծել սպասք լվացող մեքենա, բայց ոչ մի շոշափելի արդյունքի չէին հասել:

Օրինակ, Զոել Հուրթոնը մտածել էր` սպասքը դասավորել արկղի մեջ, որտեղ խոզանակներ էին տեղադրված: Նրանք պտտվում էին ամանի վրա, որը միաժամակ ցողվում էր ջրով: Լավ գաղափար էր, բայց այդպիսի արկղի մեջ սպասքը կեղտոտ էր մնում:

« Եթե ոչ ոք չի հորինում աման լվացող մեքենա, ես ի՛նքս դրանով կզբաղվեմ...», — ասել է Զոգեֆին Քոքրեյնը: Նա բավականին վճռական տիկին էր, դրա համար էլ անմիջապես անցավ իր գաղափարների կյանքի կոչմանը:

Պետք է ասել, որ գյուտը ինչ-որ բոլորովին նոր բան չէր Զոգեֆինի համար: Նրա հայրը ինժեներ էր, իսկ նրա մայրական կողմից պապը շոգենավեր էր պատրաստում: Ահա թե ինչու, զինվելով այն ամենով, ինչ սովորել էր իր ընտանիքում` Զոգեֆին Քոքրեյնն անցավ գործի:

Քոքրեյնն իր աման լվացող մեքենայի առաջին մոդելը մշակել է իր տան հետևի ցախանոցում: Ամենայն լրջությամբ մոտենալով գործին` նա հանգամանորեն չափեց ամբողջ սպասքը: Հետո, կատարելով բարդ հաշվարկներ, Զոգեֆինը հախճապակու համար հատուկ մետաղալար հատվածախուցեր պատրաստեց:

Ի տարբերություն իր նախորդների, Քոքրեյնը որոշեց հրաժարվել խոզանակներից: Դրանց փոխարեն նա մի շարժիչ օգտագործեց, որը տաք ջրի մեծ ճնշում էր ապահովում սարքի մեջ: Զոգեֆինի հաշվարկները ճշգրիտ դուրս եկան: Ջրի ուժեղ հոսքը ցանկացած խոզանակից ավելի լա՛վ էր լվանում սպասքի վրա մնացած ուտելիքի մնացորդները...

Սկզբում Ջոզեֆինն իր հայտնագործությունը պարգապես նվիրում էր ընկերներին: Բայց երբ նրա ամուսինը մահացավ՝ բավականին պարտքեր թողնելով իր հետունից Ջոզեֆինի համար, վերջինս որոշեց զբաղվել իր հորինած մեքենայի արտադրությամբ: Նա գովազդ տեղադրեց լրագրերի մեջ և սկսեց զբաղվել ձեռնարկատերեր փնտրելով, որոնք գումար կներդնեին իր նոր գործի մեջ: Սպասք լվացող մեքենայի գաղափարը շատերին դուր եկավ:

Ամեն դեպքում, այդ ժամանակ մարդիկ չէին հավատում, որ կինը կարող է հաջողությամբ կառավարել բիզնեսը: Ոմանք կհամաձայնեին դրամական ներդրում կատարել արտադրության մեջ՝ միայն մի պայմանով. Ջոզեֆինը պետք է գործերի կառավարումը փոխանցեր որևէ տղամարդու: Ջոզեֆինը համաձայն չէր այդպիսի որոշման հետ:

Բախտը ժպտաց վերջինիս 1893 թվականին, երբ Չիկագոյում կայացած Համաշխարհային ցուցահանդեսում նա ցուցադրեց իր սպասք լվացող մեքենան և ստացավ ամենաբարձր մրցանակը՝ դիզայնի և ամուր մեխանիկական կառուցվածքի համար: Դրանից հետո նրա գլխին թափվեց պատվերների հեղեղը, և մեքենայով հետաքրքրվեցին հյուրանոցներն ու ռեստորանները: Վաստակած գումարով Քոքրեյնը կարողացավ Չիկագոյից ոչ հեռու մի գործարան բացել:

Չնայած՝ դեռևս կես դար պահանջվեց, մինչև Ջոզեֆին Քոքրեյնի սպասք լվացող մեքենան տեղ գտավ հասարակ ամերիկացիների տներում: Մինչև 1950 թվականները նրանց տներում տաք ջուր չկար, որն անհրաժեշտ է մեքենայի աշխատանքի համար: Միայն այն բանից հետո, երբ տներին տաք ջուր մատակարարեցին, շատ ամերիկացիներ սկսեցին սպասք լվացող մեքենա գնել: Չէ՛ որ Ջոզեֆինը միակը չէր, որ աման լվանալ չէր սիրում...

1. Ինչի՞ մասին է խոսվում տեքստի մեջ.

- Այն մասին, թե ինչպես Ջոզեֆին Քոքրեյնը ստեղծեց սպասք լվացող մեքենան:
- Այն մասին, թե ինչպես Ջոզեֆին Քոքրեյնը իմժեներ դարձավ:

2. Ի՞նչը դրդեց Ջոզեֆին Քոքրեյնին, որ սպասք լվացող մեքենա հայտնագործի.

- Ջոզեֆինը երազում էր ինչ-որ օգտակար բան հայտնագործել և այդ ձևով հարստանալ:
- Ջոզեֆինը չէր կարող իր աշխատողներին վստահել թանկարժեք սպասք լվանալու գործը, իսկ իրեն դուր չէր գալիս դա անձամբ անել:

3. Ինչու՞ շատերը հրաժարվեցին գումար ներդնել Ջոզեֆինի գործի մեջ.

- Որովհետև դժվար էր հավատալ, որ սպասք լվացող սարքն օգտակար կլինի:
- Որովհետև այդ ժամանակ մարդիկ չէին հավատում, որ կինը կարող է ղեկավարել արտադրությունը:

4. Ինչպե՞ս Ջոզեֆին Քոքրեյնին հաջողվեց գումար վաստակել սպասք լվացող մեքենաների արտադրության գործարան բացելու համար.

- Ջոզեֆինը մրցանակ շահեց Համաշխարհային ցուցահանդեսում, որից հետո նրա սպասք լվացող մեքենայով հետաքրքրվեցին հյուրանոցներն ու ռեստորանները:

• Ջոզեֆինն անսպասելի կերպով մեծ գումար ստացավ՝ որպես ժառանգություն:

5. Ինչո՞վ կարելի է փոխարինել «գործի» բառը «Նա գովազդ տեղադրեց լրագրերի մեջ և սկսեց զբաղվել ձեռնարկատերեր փնտրելով, որոնք գումար կներդնեին իր նոր գործի մեջ» նախադասության մեջ.

• բիզնեսի
• սիրած զբաղմունքի

6. Ո՞ր տարբերակն է իր իմաստով հակադիր «վճռական» բառին «Նա բավականին վճռական տիկին էր, դրա համար էլ անմիջապես անցավ իր գաղափարների կյանքի կոչմանը» նախադասության մեջ.

• հաստատամիտ
• երկչոտ

7. Լրացրե՛ք բաց թողնված բառերը.

amուր   անվանի   ենթադրաբար

• Վերածննդի ժամանակաշրջանի _____________ վարպետ Միքելանջելո Բուոնարոտիի Դավթի արձանը գտնվում է Գեղարվեստի Ակադեմիայի Պատկերասրահում:
• Ալեքսանդր Համիլթոնի ծննդյան ճշգրիտ ամսաթիվը հայտնի չէ. _____________ , նա լույս աշխարհ է եկել 1755 կամ 1757 թվականի հունվարի 11-ին:
• Որոշված էր՝ վրանները կարել _____________ անջրանցիկ նյութից:

Մոդուլ 1.8

Շտապում անհանգստանում էին Քիթինգերի համար։ Նա արդեն երկար ժամանակ չէր վերադառնում։ Բժիշկներից մեկը Քիթինգերին Մորգայի այբուբենի միջոցով հաղորդագրություն ուղարկեց. «Անմիջապես գա՛ծ իջեք։ Սա հրաման է»։ Քիթինգերի պատասխանն իրեն երկար սպասեցնել չտվեց։ Երբ բժիշկը կարդաց այն, դեմքի սարսափելի արտահայտությամբ հաստատեց. «Քիթինգերը կորցրե՛լ է իրեն...»։ Շտապում չգիտեին՝ ինչպես հասկանալ այն մարդու հաղորդագրությունը, որն այդ ժամանակ օդապարիկով սավառնում էր երկնքում երկրից մոտ 19 000 ոտնաչափ բարձրության վրա։ Դա արդեն գրեթե տիեզերքը է։ Շտապում բոլորը տագնապած էին, քանի որ Քիթինգերի պատասխան հաղորդագրությունը հետույայն էր. «Իսկ դու թռիր ու փորձիր բռնե՛լ ինձ...»։

Իրականում Քիթինգերի հետ ամեն ինչ կարգին էր։ Դա կապված էր տեխնիկայի ոչ մեծ անսարքության հետ. վերջացել էր թթվածինը և այդ պատճառով ստիպված էր դանդաղ իջնել։ Քիթինգերն ուրախ կլիներ ընթարկվել բժշկի հրամանին՝ անմիջապես իջնել, բայց հնարավոր չէր շտապել։ Բարեբախտաբար, երկար տանջալից րոպեներից հետո, Քիթինգերին հաջողվեց իջնել գետնին։

Այս դեպքերը տեղի են ունեցել հեռավոր 50-60-ականներին։ Գնդապետ Քիթինգերը եղել է կործանիչ օդաչու։ Այդ ժամանակ Ամերիկայի Միացյալ Նահանգներում գիտնականներն ու օդաչուները անդադար աշխատում էին մարդուն տիեզերք ուղարկելու խնդրի վրա։ Մինչ այդ մարդն այնտեղ երբեք չէր եղել։ Գիտնականները փորձում էին պարզել՝ կարո՞ղ է արդյոք մարդը տիեզերքում գոյատնել։ Ինչպես նաև, անհապաղ պետք էր հասկանալ, հնարավո՞ր կլինի արդյոք, որ տիեզերագնացը տիեզերքից ներքև ցատկի օդապարիկով, եթե, օրինակ, տիեզերանավի հետ որևէ բան պատահի։ Մի խումբ բժիշկների հետ միասին` Քիթինգերին հանձնարարվել էր լուծել այս ոչ հասարակ խնդիրը: Այսպես առաջացավ «Էքսելսիոր» կոչվող նախագիծը, որ լատիներենից թարգմանաբար նշանակում է «ամեն ինչ ավելի բարձր»:

Իսկ հանձնարարությունն իսկապես չափազանց վտանգավոր էր: Քիթինգերը պետք է հատուկ սկաֆանդրի մեջ մեծ փուչիկով բա՛րձր-բարձր վերև թռչեր դեպի երկինք: Այդ բարձրության վրա վերջանում է երկրի մթնոլորտը և սկսվում է տիեզերական տարածությունը: Իսկ հետո, որպեսզի ցած իջնի, Քիթինգերը պետք է մասնագիտացված փուչիկից ցած թռչեր և օդապարիկով նորից իջներ գետնի վրա:

Երբ Քիթինգերը կատակեց բժշկի հետ և շտապում բոլորին ստիպեց անհանգստանալ, նրան չէր հաջողվել հասնել անհրաժեշտ բարձրությանը: Այդ ժամանակ նա փուչիկով հետ թռավ երկիր: Բայց վերջապես եկավ սպասված օրը, երբ թվում էր, թե ամեն ինչ իր հունով է գնում: Քիթինգերին հաջողվե՛ց հասնել պահանջվող բարձրությանը և կանգ առնել 76400 ոտնաչափ սանդղակին… Քիթինգերը գտնվում էր հատուկ կաղապարի մեջ, որն ամրացված էր փուչիկին: Շատ դժվար էր սկաֆանդրի մեջ գտնվելով` այդ կաղապարից դուրս գալ: Բայց դա էլ հաղթահարեց Քիթինգերը և, վերջապես, ներքև նայելով` ցած թռավ դեպի իր հրաշալի մոլորակը:

Այնումենայնիվ ինչ-որ բան այն չէր, և վայր ընկնելու ժամանակ նա սկսեց պտտվել կատարի արագությամբ` րոպեում 120 պտույտ: Պատկերացրե՛ք, որ դուք մեկ վայրկյանում երկու պտույտ կատարեիք… Իսկ Քիթինգերի հետ դա պատահել էր անկշռության պատճառով, ասենք նաև, որ այդ ժամանակ նա ցած էր ընկնում ժամում 614 մղոն արագությամբ, որն ավելի բարձր է, քան ինքնաթիռի արագությունը: Քիթինգերը կորցրեց գիտակցությունը: Բարեբախտաբար, ինչ-որ պահի նրա օդապարիկը բացվեց, և նա կարողացավ վայրէջք կատարել:

Վերջապես, 1960 թվականի օգոստոսի 16-ին Քիթինգերն օդապարիկով բարեհաջող ցատկ կատարեց 102800 ոտնաչափ 34

բարձրությունից: Ազատ անկումը տևեց ընդամենը 4 րոպե և 36
վայրկյան, իսկ հետո Քիթինգերի օդապարիկը բացվեց, և նա բարեհաջող
վայրէջք կատարեց:

«Էքսելսիոր» նախագծի և գնդապետ Քիթինգերի քաջության ու
կարողության շնորհիվ՝ Ամերիկան մոտեցավ մարդուն տիեզերք
ուղարկելու իր նվիրական նպատակին: Մարդիկ համոզվեցին, որ հրթիռի
անսարքության դեպքում տիեզերագնացներն ու օդաչուները կարող են
փրկվել՝ իջնել օդապարիկով: Իսկ Քիթինգերը ռեկորդ սահմանեց՝
օդապարիկով ցատկ կատարելով ամենամեծ բարձրությունից: Այդ
ռեկորդն անգերազանցելի էր 54 տարի:

2014 թվականին ավստրիացի Ֆելիքս Բաումգարտները
գերազանցեց Քիթինգերի ռեկորդը՝ ցատկելով 127852 ուննաչափ
բարձրությունից: Հատկանշական է, որ Բաումգարտներին օգնեց ռեկորդ
սահմանել ոչ այլ ոք, քան ինքը՝ գնդապետ Քիթինգերը: Այդ պահին նա
արդեն 84 տարեկան էր: Սակայն Բաումգարտների բարձրության
ռեկորդը անգերազանցելի չմնաց նույնիսկ երկու տարի: 2014 թվականի
հոկտեմբերի 24-ին ամերիկացի Ալան Յուստասը ցատկեց 135889.108
ուննաչափ բարձրությունից:

1.   Ինչի՞ մասին է խոսվում տեքստի մեջ.

•   Այն մասին, թե ինչպես գնդապետ Ջոզեֆ Քիթինգերն առաջին
անգամ օդապարիկով թռիչք կատարեց տիեզերքից:
•   Այն մասին, թե ինչպես Ջոզեֆ Քիթինգերը տիեզերագնաց
դարձավ:

2.   Ինչու՞ Քիթինգերը չկարողացավ ենթարկվել բժշկի հրամանին՝
անմիջապես ցած իջնել.

• Որովհետև տեխնիկական անսարքություն էր տեղի ունեցել, և թթվածնի պակասի պատճառով ստիպված էր շատ դանդաղ իջնել:

• Որովհետև տիեզերքից հնարավոր չէր իջնել անկշռության պատճառով:

3. Ի՞նչ նպատակի համար էր Քիթինգերը տիեզերքից թռիչքներ կատարում դեպի երկիր.

• Նա դա անում էր հաճույքի համար:

• Որպեսզի հասկանար, հնարավոր է արդյոք, որ տիեզերագնացը տիեզերքից օդապարիկով ցած թռչի, եթե, օրինակ, հրթիռը շարքից դուրս գա:

4. Ինչի՞ մեջ էր կայանում «Էկսելսիոր» նախագծի արժեքը.

• Շնորհիվ այդ նախագծի՝ Ամերիկան մոտեցավ մարդուն տիեզերք ուղարկելու իր նպատակին:

• Շնորհիվ այդ նախագծի՝ մարդիկ ստեղծեցին օդապարիկը:

5. Ինչո՞վ կարելի է փոխարինել «կատադի» բառը «Այնուամենայնիվ ինչ-որ բան այն չէր, և վայր ընկնելու ժամանակ նա սկսեց պտտվել կատադի արագությամբ՝ րոպեում 120 պտույտ» նախադասության մեջ.

• անկանխատեսելի
• բարձր

6. Ո՞ր տարբերակն է իր իմաստով հակադիր «շտապել» բառին «Քիթինգերն ուրախ կլիներ ենթարկվել բժշկի հրամանին՝ անմիջապես իջնել, բայց հնարավոր չէր շտապել» նախադասության մեջ.

36

- դանդաղել
- աճապարել

7. Լրացրե՛ք բաց թողնված բառերը

                        քաջություն   անխոնջ   նվիրական

- Ես ընկերներիս պատմեցի իմ ______________ երազանքի մասին՝ կատարել շուրջերկրյա ճանապարհորդություն:
- Զօր ու գիշեր մենք ___________ կարում էինք թատերական կոստյումներ, որպեսզի հասցնենք բեմադրության պրեմիերային:
- Կատվին պակասում էր _____________ , որ ցած իջնի ծառի կատարից:

Մակարդակ 2

Մոդուլ 2.1

Արախը դեռ մանկությունից էր սիրում կառուցել: Նա դեռևս տղա երեխա էր, երբ փայտի կտորներից ու տախտակներից տնակներ էր պատրաստում իր ընկերների համար: Մի անգամ նա նույնիսկ փոքրածավալ պալատ կառուցեց: Տեսնելով Արախի ընդունակությունները՝ նրա հայրը որոշեց չստիպել տղային աշխատել ֆերմայում, այլ ուղարկել՝ վարպետի մոտ սովորելու: Արախան սպասում էր, որ իրեն անմիջապես կվստահեն տան կառուցումը, բայց փոխարենը վարպետն սկսեց ցույց տալ նրան տարբեր հաշվարկներ: Արախին սովորեցնում էին, թե ինչպես ճիշտ հաշվարկներ կատարել և ընտրել շինանյութը: Սկզբում դա Արախին սոսկալիորեն ձանձրալի էր թվում:

Բայց քիչ-քիչ նա տարվեց ուսմամբ, իսկ մի տարի հետո նա վարպետի ամենալավ աշակերտն էր:

Անցավ մի քանի տարի, և պարզվեց, որ փարավոնը ցանկանում է իր համար նոր բուրգ կառուցել: Կառուցման համար կանչեցին Արահիսի ուսուցչին: Բայց ծանր հիվանդության պատճառով նա չէր կարող զբաղվել շինարարությամբ: Իր փոխարեն նա խորհուրդ տվեց վերցնել Արահիսին: Այդ ժամանակ Արահիսն արդեն երիտասարդ տղամարդ էր և վարպետի առաջին օգնականը: Նա անհամբեր սպասում էր, թե երբ է գործի անցնելու: Քանի որ բուրգերի կառուցումը Հին Հռոմում սովորաբար տարիներ էր տևում, Արահիսն իր ընտանիքով տեղափոխվեց այն վայրը, որտեղ որոշել էին կառուցել բուրգը:

Արահիսը նախկինում երբեք չէր մասնակցել բուրգի շինարարությանը: Հենց առաջին օրը նրան նշանակեցին այն բրիգադի գլխավորը, որը գետից ծանր շինարական քարեր էր քարշ տալիս դեպի բուրգի շինհրապարակ: Հենց այս քարե հսկայական բլոկներով էր պլանավորված կանգնեցնել բուրգը: Քարե մեծաբեկորները գետից մինչև շինհրապարակ հասցնելն այնքան էլ դյուրին խնդիր չէր: Այդ վաղ ժամանակներում դեռևս գոյություն չունեին վերամբարձ կռունկներ և բեռնատարներ: Իսկ ինչպես են հին եգիպտացի շինարարները հաղթահարել այս` ուժից վեր թվացող խնդիրը: Եկեք տեսնենք` ինչպես էին Արահիսն ու իր աշխատակիցները լուծում այս խնդիրը:

Յուրաքանչյուր քար պետք էր բարձրացնել հատուկ լճասահնակի վրա և քաշել ավազի վրայով: Այստեղ Արահիսին շատ օգնեց հաշվարկներ անելու իր կարողությունը: Եթե ճշգրիտ հաշվարկվեր բոլոր քարերն ու ճոպանների երկարությունը, որոնցով քարերը կապվում են սահնակներից, հնարավոր էր բավականին հեշտացնել շինարարների գործը:

Հավաքելով իր աշխատանքային թիմը` Արահիսը ճանապարհվեց դեպի այն վայրը, որտեղ քարաբլոկներ իջեցնում էին պապիրուսե նավակներից։ Բանվորները համատեղ ջանքերով բեռնում էին քարերը սահնակներին և ճոպանների օգնությամբ քաշում էին դրանք հետադարձ ճանապարհով։ Յուրաքանչյուր սահնակի առջևից երկու բանվոր էր գնում և ավազի վրա ջուր ցայում։ Այդ ինարքն ինչ-որ ժամանակ Արախիսն սովորեցրել էր վարպետը։ Խոնավ ավազի վրայով սահնակն ավելի հեշտ էր սահում, և բանվորների համար շատ ավելի հեշտ էր այն քաշել։

        Մի քիչ հեռու երկրորդ բրիգադն էր նույնպիսի քարաբլոկներ քարշ տալիս շինարարության համար։ Նրանց ղեկավարում էր Արախսի ընկերը, որին Քա էին կոչում։ Այսօր Քան որոշել է քարաբլոկներ քարշ տալու նոր միջոց փորձել։ Նրա բրիգադը շինարարական բլոկների տակ քարե գլաններ է տեղադրել։ Գլաններն անվադողերի նման պտտվում էին ավազի վրա և հաջողությամբ տեղափոխում շինարարական բլոկները։ Արախսը նկատեց, որ Քայի բրիգադի մոտ աշխատանքը բավականին արագ է ստացվում։ Այսօր երկու բրիգադն էլ ստիպված են մի քանի այդպիսի տեղափոխություն կատարել, որպեսզի հասցնեն տեղափոխել բոլոր քարերը։

        Չնայած ինժեներական հմտություններին՝ Արախսի և Քայի բրիգադների աշխատանքը բավականին ծանր էր։ Այդ պատճառով նրանց որպես օգնություն՝ ժամանակավոր բանվորների խմբեր տրամադրվեց, որոնք ապրում էին հարևան ճամբարներում։ Վերջիններս չէին տիրապետում շինարարական հատուկ հմտությունների և ինժեներական գիտելիքների։ Այսպիսով, նրանց հիմնական խնդիրն էր՝ օգնել գլխավոր շինարարներին։ Ժամանակավոր բանվորները պատրաստում էին նոր գործիքներ և վերանորոգում էին հները, ուտելիք էին պատրաստում հիմնական աշխատողների համար, ինչպես նաև ճանապարհներ էին բացում, որոնց միջոցով շինարարության վայր էին հասցնում այն ամենն ինչ անհրաժեշտ էր։

Փարավոնը, որի համար կառուցում էին այս բուրգերը, դեռևս ծաղկուն տարիքում էր և բոլորովին առողջ: Բայց Արահսը լրիվ խելացի էր համարում նախորոք բուրգեր կառուցելու նրա գաղափարը: Երբ փարավոնը տեղափոխվի այլ աշխարհ, նրան անհրաժեշտ կլինի մի վիթխարի տուն՝ իր տիտղոսին համապատասխան: Արահսը կարծում էր, որ դեռ ողջ ժամանակ պետք է հետևել, որ այդ տունը փառահեղ ձևով կառուցվի:

Երբ մութը վրա էր հասնում և այլևս հնարավոր չէր լինում աշխատել, Արահսը վերադառնում էր գյուղակ՝ իր ընտանիքի մոտ: Հենց այդ ժամանակ ժամանակավոր բանվորների բնակավայրից իրենց համար սնունդ էին բերում. շատ միս, հաց և հագեցնող գարեջուր: Անհրաժեշտ էր լավ սնվել, հակառակ դեպքում ուժերը չէին բավականացնի աշխատանքի համար: Այդ էր պատճառը, որ Արահսն իր բանվորներին միշտ ասում էր՝ ամեն ինչ ուտել մինչև վերջին փշրանքը, որ նրանք կարողանային իրենց պարտավորությունները կատարել շինհրապարակում:

Երբ պառկեց քնելու, Արահսը մտածում էր, որ վաղը ինքն էլ կփորձի քարեր տեղաշարժելու այն մեթոդը, որ այսօր օգտագործեց Քան: Արագության տեսակետից այն չէր զիջում սահնակին, իսկ գործի մեջ միշտ հետաքրքիր է ինչ-որ նոր բան փորձելը:

1.   Ինչի՞ մասին է խոսվում տեքստի մեջ.

   • Այն մասին, թե ինչպես էին Հին Հռոմում բուրգեր կառուցում:
   • Այն մասին, թե ինչպես Արահսը փարավոն դարձավ:

2.   Ինչու՞ Արահսի հայրը նրան չուղարկեց ֆերմայում աշխատելու.

   • Որովհետև Արահսը չափազանց թույլ էր ֆերմայում   40

աշխատելու համար:

• Արաիսի հայրը նկատեց, որ տղան ընդունակություններ ունի և ուղարկեց նրան վարպետի մոտ շինարարական գործ սովորելու:

3. Ո՞րն էր ժամանակավոր բանվորների դերը.

• Ժամանակավոր բանվորները հիմնական շինարարներին ապահովում էին անհրաժեշտ ամեն ինչով՝ սննդով, գործիքներով և նույնիսկ նրանց համար ճանապարհներ էին կառուցում:
• Ժամանակավոր բանվորները փոխարինում էին հիվանդ շինարարներին:

4. Ի՞նչ ձևով էին հին եգիպտացի շինարարները քարշ տալիս ծանր շինարարական քարերը.

• Հին եգիպտացի շինարարները փոեր էին օգտագործում քարերը տեղափոխելու համար:
• Նրանք բարձրացնում դնում էին քարերը հատուկ սահնակների վրա, որոնք քարշ էին տալիս խոնավ ավազի վրայով:

5. Ինչո՞վ կարելի է փոխարինել «վիթխարի» բառը «երբ փարավոնը տեղափոխվի այլ աշխարհ, նրան անհրաժեշտ կլինի մի վիթխարի տուն՝ իր տիտղոսին համապատասխան» նախադասության մեջ.

• հսկայական
• զարդարված

6. Ո՞ր տարբերակն է իր իմաստով հակադիր «ուժից վեր»

արտահայտությանը «Իսկ ինչպես են հին եգիպտացի շինարարները հարթահարել այս` ուժից վեր թվացող խնդիրը» նախադասության մեջ.

- դյուրին
- անհնար

7.   Տեղադրե՛ք բաց թողնված բառերը.

            ապահովել   հմտությունների   կատարելագործել

- Դպրոցականները մաթեմատիկայի դասերին տիրապետում են տարբեր կարողությունների և ____________ :
- Մենք ջանում էինք ____________ բանվորներին բոլոր անհրաժեշտ գործիքներով:
- Հեշտ էր քանդակել սովորել. դժվար էր անընդհատ ____________ մեր հմտությունները:

Մոդուլ 2.2

Բոլորին է հայտնի, որ թեյն օգտակար է ինչպես մեծահասակների, այնպես էլ երեխաների առողջության համար: Շատերն են սիրում այս թարմացնող ու ջերմացնող ըմպելիքը ու խմում են այն և՛ նախաճաշին, և՛ ընթրիքին, երբեմն էլ` պարզապես օրվա ընթացքում: Իսկ դուք գիտե՞ք` որտեղից է ի հայտ եկել թեյը:

Թեյի հայրենիքը համարվում է Չինաստանը: Ըստ հին լեգենդի` մի անգամ կայսր Շեն Նահը հերթական ճամփորդության մեկնեց իր երկրում: Նա բնության մեջ գիտակ էր և սիրում էր նոր վայրեր ուսումնասիրել:

Ճանապարհորդությունը երկար էր և հոգնեցնող: Այդ պատճառով կայսրը հաճախ էր կանգ առնում՝ հանգստանալու: Պետք է ասել, որ նա շատ հետևողական էր իր առողջության նկատմամբ, այդ պատճառով միայն եռացրած ջուր էր խմում: Ահա այս անգամ ևս, նա սպասում էր, մինչև ջուրը եռար կաթսայում: Այդ ժամանակ քամին փչեց, և ոչ հեռու աճած ծառից մի քանի տերևներ քամու թևի հետ ընկան կաթսայի մեջ:

Կայսրը փորձեց այս թուրմը և տպավորվեց նրա հաճելի ու յուրահատուկ բույրով: Անսպասելի կերպով նա իրեն շատ առույգ զգաց: Այդ նույն ծառից կայսրը տերևներ վերցրեց իր հետ ճանապարհի համար, որ հնարավոր լիներ էլի վայելել թարմացնող ըմպելիքը: Լեգենդի համաձայն՝ մարդիկ այսպես սովորեցին թրմել թեյը:

Թեյախմության սովորույթը Չինաստանից տարածվեց այլ երկրներ: Յուրաքանչյուր ժողովրդի մոտ ի հայտ եկան թեյ թրմելու իրենց ուրույն սովորույթները: Չինաստանում և Ճապոնիայում ծնունդ առավ թեյախմության մի ամբողջ արարողակարգ, որի ընթացքում անհրաժեշտ է հետևել հատուկ կանոններին: Նույնիսկ յուրօրինակ սպասք են ընտրում թեյ թրմելու համար:

Հնդկաստանում սկսեցին թեյին կաթ ու համեմունքներ ավելացնել: Այստեղ թեյը ոչ միայն թրմում են, այլև եռացնում են հատուկ կաթսայի մեջ: Անգլիացիները թեյախմության մշակույթին ծանոթացել են հենց Հնդկաստանում: Մեծ Բրիտանիայում թեյն անհավատալի տարածում գտավ: Դրա համար նույնիսկ առանձին ժամանակ հատկացվեց օրվա ընթացքում: Սովորաբar այն տեղի է ունենում ժամը հինգին, երբ ճաշն արդեն ավարտված է, իսկ ընթրիքից դեռ բավականին ժամանակ կա: Թեյը մատուցում են կաթով և կեքսով կամ էլ՝ թխվածքաբլիթներով:

Իսկ ահա սառը թեյ խմելն առաջինը մտածեցին Ամերիկայում: Ավելի քան հարյուր տարի առաջ, գործարար մարդկանց կարևոր ցուցահանդեսի ժամանակ, հնդկական թեյի պլանտացիաների մի սեփականատեր իր թեյով հյուրասիրեց բոլոր այցելուներին: Բայց շատ շոգ էր, և ոչ ոք չցանկացավ տաք ըմպելիք խմել: Այդ ժամանակ պլանտացիաների տերը մտածեց թեյի բաժակների մեջ մի կտոր սառույց գցել: Սառը, թարմացուցիչ ըմպելիքը ցուցահանդեսի բոլոր այցելուների ճաշակով էր և այդ ժամանակից մինչև հիմա մեծ ճանաչում է ձեռք բերել:

Բնության մեջ թեյի ծառը ոչ բարձր, մշտադալար թուփի է՝ բուրավետ ծաղիկներով: Բայց, որքան էլ տարօրինակ է, պատրաստման համար օգտագործում են ոչ թե ծաղիկները, այլ հենց տերևները: Նրանց մեջ պարունակվում են հատուկ նյութեր, որոնք մեզ թարմություն են պարգևում:

Անցյալում թեյն աճում էր միայն Չինաստանում և Հնդկաստանի որոշ լեռնային շրջաններում: Բայց հետագայում, երբ ամբողջ աշխարհում սկսեցին թեյ խմել, թփեր էին աճեցնում նաև այլ երկրներում, որտեղ կլիման բավարար տաք էր: Այսօր աշխարհում գոյություն ունեն թեյի բազմաթիվ տեսակներ, որպեսզի մեզանից յուրաքանչյուրը կարողանա ընտրել իր սիրելի համը:

1.	Ինչի՞ մասին է խոսվում տեքստի մեջ.

	• 	Թեյի պատմության մասին, և թե ինչպես այն տարածվեց ամբողջ աշխարհով մեկ:
	• 	Թեյի և սուրճի մրցակցության մասին:

2.	Ինչպե՞ս չինացի կայսր Շեն Նահը սովորեց թեյ թրմել, եթե հավատանք լեգենդին.

	• 	Նա պատահաբար սովորեց թեյ թրմել, երբ եռացող ջրով կաթսայի մեջ հանկարծ թեյի ծառի տերև ընկավ:
	• 	Կայսրին սովորեցրին թեյ թրմել այն	44

գյուղի բնակիչները, որտեղ նա պատահաբար էր հայտնվել:

3. Թեյի ծառի ո՞ր մասն են թրմում թեյ խմելու համար և ինչու.

    •   Թրմում են ծաղիկները, քանի որ նրանք հաճելի բույր ունեն:

    •   Թրմում են տերևները, քանի որ նրանց մեջ կան այնպիսի նյութեր, որոնք առույգություն են պարգևում:

4. Ինչպե՞ս և որտեղ են մտածել սառը թեյ խմել.

    •   Սառը թեյ խմելը մտածել են Ամերիկայում, երբ թեյի մեջ սառույցի կտորներ գցեցին, որպեսզի գոված ուղիղ ընպելիքով թարմանան շոգ օրին:

    •   Սառը թեյ խմելը մտածել են Ամերիկայում, երբ վառելիքի գները սաստիկ բարձրացան և մարդիկ փորձում էին տնտեսել եռացած ջուրը:

5. Ինչո՞վ կարելի է փոխարինել «յուրօրինակ» բառը « Նույնիսկ յուրօրինակ սպասք են ընտրում թեյ թրմելու համար» նախադասության մեջ.

    •   հատուկ
    •   դիմացկուն

6. Ո՞ր տարբերակն է իր իմաստով հակադիր «տպավորվեց» բառին «Կայսրը փորձեց այս թուրմը և տպավորվեց նրա հաճելի ու յուրահատուկ բույրով» նախադասության մեջ.

    •   անտարբեր մնաց
    •   հիացավ

7.   Լրացրե՛ք բաց թողնված բառերը։

                      թարմացուցիչ   հոգեցուցիչ   հերթական

• Եվս մեկ _____________ ընկելիք է սուրճը։

• Երանուհին իր համար ___________ սիրած զբաղմունք է
մտածել՝ զբաղվել վազքով։

• Փոքրիկ Սամվելին ձանձրալի ու ___________ թվաց նվեր
ստացած գիրքը։

Մոդուլ 2.3

Դրսում արդեն վաղուց մթնել էր, իսկ տղամարդը շարունակում էր
նստած մնալ աշխատասեղանի առջև։ Սեղանի վրա և հատակին՝
բազկաթոռի շուրջը թափթփված էին ճմրթած թղթի կտորներ։ Նրանցից
յուրաքանչյուրից ժպտում էին, պարում ու աչքով էին անում զվարճալի
կենդանիներ։ Ցանկացած՝ նույնիսկ ոչ մասնագետ աչքի համար նրանք
ամենազվարճալի էսքիզներ էին, որոնք կարող էին դառնալ
մուլտիպլիկացիոն կինոնկարների հերոսներ։ Բայց տղամարդը
շարունակում էր ճմրթել թերթը թերթի հետևից և մի կողմ նետել դրանք։
Նա փնտրում էր իր իդեալական հերոսին։

Սեղանի մոտ նստած մարդուն անվանում էին Ուոլթ Դիսնեյ։ Արդեն
մի քանի տարի նա մուլտիպլիկացիոն կինոնկարների հերոսներ է
ստեղծում։ Իսկ վերջերս նա իմացավ, որ իր պրոդյուսերը՝ մարդ, որ
պարտավոր էր օգնել իրեն գործնական հարցերում, գայթակղել էր իր
աշխատակիցների մեծ մասին՝ ուղղորդելով դեպի իր սեփական
ընկերությունը։ Բարկանալով՝ Դիսնեյը որոշեց   46

պրոդյուսերի հետ խզել գործնական հարաբերությունները և բացել իր սեփական ստուդիան: Բարեբախտաբար , մի քանի հավատարիմ գործընկերներ հրաժարվեցին հեռանալ Դիսնեյից և խոստացան շարունակել աշխատել վերջինիս հետ:

Ամենից շատ Դիսնեյին վիատեցնում էր այն, որ ստիպված է լինելու թողնել իր սիրելի պերսոնաժին՝ Օսվալդ նապաստակին: Ըստ փաստաթղթի՝ Օսվալդը պատկանում էր պրոդյուսերներին, և Դիսնեյը չէր կարող իր նոր աշխատանքներում օգտագործել նրան:

—Ոչինչ, — որոշեց նա: —Ես և իմ նկարիչները շատ ավելի լավ հերոս կստեղծենք: Նա կդառնա բոլորի սիրելին:

Բայցնայնպես, իդեալական հերոսը դեռ ոչ մի կերպ չէր հայտնվում: Նկարիչները նկարում էին կատուներ ու շներ, ձիեր ու կովեր, բայց Դիսնեյը կարծում էր, որ այդ էսքիզներին ինչ-որ բան չի հերիքում: Մի անգամ, հերթական աշխատանքային օրվա ավարտին, Դիսնեյը մի կողմ դրեց մատիտը և նայեց իր ընտանի կենդանուն՝ ձեռքի մկնիկին, որն ապրում էր հենց այդտեղ՝ իր աշխատանքային սեղանի վրա:

—Հավանաբար, այսօվա համար բավական է, — մտածեց Դիսնեյը: —Վաղը առավոտից կգամ ստուդիա և նորից կանցնեմ գործի:

Նա մատներով շոյեց տնային կենդանուն և արդեն պատրաստվում էր վեր կենալ, երբ հանկարծ թափով ձեռքն առավ մատիտն ու սկսեց փութկոտ ինչ-որ բան նկարել:

Այսպես աշխարհի եկավ Միկի Մաուսը: Հետաքրքիր է, որ սկզբնական շրջանում նրան անվանում էին Մորտիմեր: Բայց Դիսնեյի կինը վերջինիս համոզեց փոխել նրա անունը: Չվարձալի մկնիկին անվանեցին Մայքլ Թեոդոր Մաուս, կամ պարզապես՝ Միկի:

Առաջին անգամ հանդիսատեսները տեսան Միկի Մաուսին «Խելակորույս ինքնաթիռ» համր մուլտֆիլմում: Չնայած իրական համբավ նա ձեռք բերեց առաջին ձայնային մուլտֆիլմերից մեկի հայտնվելուց հետո, որ կոչվում էր «Նավավար Վիլլին»:

Աստիճանաբար Միկի Մաուսի աշխարհն սկեց լայնանալ: Նա արդեն ընկերուհի ուներ՝ Մինի Մաուսը: Դիսնեյը նրան ընտանի կենդանի նվիրեց՝ Պլուտո շունը, ինչպես նաև ընկերներ՝ Դոնալդ Դաքն ու Գուֆին: Հայտնվեց նույնիսկ Միկիի անիծյալ թշնամին՝ Փիթը, որը դեռ «Նավավար Վիլլի»-ի ժամանակներից փորձում էր Միկի Մաուսի կյանքը դժոխքի վերածել:

Աստիճանաբար փոխվեց Միկիի արտաքին տեսքը: Երբ կինեմատոգրաֆիայի և անիմացիայի մեջ ի հայտ եկավ գույնը, Միկին գունավոր դարձավ: Անիմացիան զարգանում էր՝ իր ստեղծողներին ընձեռելով նորանոր հնարավորություններ: Այժմ նրանք Միկիին նկարում էին այլ սարքավորումներով: Փոխվել էր նույնիսկ նրա բնավորությունը: Սկզբում Դիսնեյը իր հերոսին ստեղծել էր որպես համակրելի չարաճճի, որը ոչ միշտ էր հետևում կանոններին: Հետագայում Միկին դարձավ խելացի, բարի օրինակելի կերպար:

Բայց որքան էլ որ փոխվել է նրա արտաքին տեսքը, Միկին շարունակում է մնալ ամենահայտնի պերսոնաժն աշխարհում: Նրա պատկերը կարելի է տեսնել դպրոցական տետրերի ու պայուսակների վրա, սպորտային շապիկների ու սուրճի գավաթների վրա:

Իսկ եթե դուք ցանկանում եք հանդիպել կենդանի Միկիին, ուրեմն նույնիսկ դա կարելի է իրականություն դարձնել: Դիսնեյլենդում, Դիսնեյի կախարդական աշխարհում, դուք կհանդիպեք բոլոր պերսոնաժներին, որոնք ստեղծվել են մեծ անիմատորի ստուդիայում, և իհարկե, նրա ամենասիրելի պերսոնաժին՝ Միկի Մաուսին:

1. Ինչի՞ մասին է խոսվում տեքստի մեջ.

- Այն մասին, թե ինչպես ստեղծվեց Միկի Մաուսի պերսոնաժը:
- Այն մասին, թե ինչպես էր Միկի Մաուսը սովորում նկարել:

2. Ինչու՞ Ուոլթ Դիսնեյը չկարողացավ օգտագործել Օսվալդ նապաստակի պերսոնաժը.

- Որովհետև Օսվալդ նապաստակն այնքան էլ հայտնի չէր:
- Որովհետև Օսվալդ նապաստակի վրա ունեցած իրավունքները պատկանում էին պրոդյուսեր Ուոլթին, որի հետ նա դադարել էր աշխատել:

3. Ինչպե՞ս Ուոլթ Դիսնեյը հորինեց Միկի Մաուսի պերսոնաժը.

- Դիսնեյի մոտ ձեռքի մկնիկ էր ապրում, որից էլ ծնվեց մկնիկ պերսոնաժի գաղափարը:
- Դիսնեյի կինը հորինեց մկնիկի պերսոնաժը:

4. Ինչպե՞ս փոխվեց Միկիի բնավորությունը ժամանակի ընթացքում.

- Միկին համակրելի չարագործից դարձավ փրկիչ հերոս:
- Սկզբում Միկին համակրելի չարաճճի էր, իսկ հետո դարձավ խելացի ու բարի օրինակելի կերպար:

5. Ինչո՞վ կարելի է փոխարինել «համբավ» բառը «Չնայած իրական համբավ նա ձեռք բերեց առաջին ձայնային մուլտֆիլմերից մեկի հայտնվելուց հետո, որ կոչվում էր «Նավավար Վիլլին» նախադասության մեջ.

- փառք
- արժեք

6. Ո՞ր տարբերակն է իր իմաստով հակադիր «խզել» բառին «Բարկանալով՝ Դիսնեյը որոշեց պրոդյուսերի հետ խզել գործնական հարաբերությունները և բացել իր սեփական ստուդիան» նախադասության մեջ.

- ամրապնդել
- դադարեցնել

7. Լրացրե՛ք բաց թողնված բառերը.

anցav   շատ   համոզեց

- Վահեն երկար ____________ ծնողներին՝ թույլ տալ իրեն նոր ատրակցիոն նստել:
- Սամվելն ____________ գործի, որն անասելի ձանձրալի էր, այնուամենայնիվ, նա որոշեց ավարտել այն:
- Պատմությունը ____________ ավելի հետաքրքիր էր, քան սպասվում էր սկզբում:

Մոդուլ 2.4

Հազարավոր տարիներ առաջ, երբ մարդիկ նոր էին սկսել տնտեսություն ստեղծել, բոլոր կենդանիները վայրի էին: Մեր նախնիները որսում էին նրանց՝ մսի և կաշվի համար: Չնայած հենց սկզբից կենդանիները չեն ապրել նախնադարյան մարդկանց հետ: Որտեղի՞ց են ուրեմն հայտնվել մեր ամենալավ բարեկամները՝ ընտանի շները: 50

Հայտնի է, որ շներն առաջացել են գայլերից։ Բայց ինչպե՞ս է դա տեղի ունեցել։ Ինչու՞ մարդիկ որոշեցին ընտելացնել վայրագ գիշատիչներին, եթե նրանցից հնարավոր չէր ստանալ ոչ միս, ոչ կաթ, ոչ այլ մթերքներ, որոնք հնարավոր էր օգտագործել սննդի մեջ։

Հետազոտողները կարծում են՝ առաջին անգամ գայլերնին ընտելացրել են 18 000 տարի առաջ։ Դեռևս չի հաջողվել ճշգրտել, թե երբ և որտեղ են առաջին անգամ ընտելացրել գայլերին։ Գիտնականները կարծում են, որ ընտելացումը տեղի է ունեցել ոչ անմիջապես։ Դրա համար պահանջվել են ոչ տարիներ, ոչ էլ տասնամյակներ, այլ հազարավոր տարիներ։ Իմիջիայլոց, շները չեն առաջացել այս գայլերից, որոնք հիմա ապրում են անտառներում։ Ինչպես շները, սովորական գորշ գայլը ևս առաջացել է մեկ այլ նախնադարյան տեսակի գայլից, որն այժմ վերացել է։

Ինչպե՞ս և ինչու մտերմացան նախնադարյան գայլն ու նախնադարյան մարդը։ Գիտնականները հանգել են այն կարծիքին, որ և՛ շները, և՛ գայլերը, և՛ մարդիկ շատ հասարակական են։ Դա նշանակում է, որ նրանք սիրում են շփման մեջ մտնել ոչ միայն միմյանց հետ, այլ նաև ուրիշ տեսակի կենդանիների հետ։ Այս հատկությունը մեծ դեր է խաղացել գայլերի ընտելացման գործում։ Սկզբնական շրջանում գայլերին հաճախ կարելի էր հանդիպել մարդկանց բնակավայրերում, որովհետև այնտեղ նրանց գայթակղում էր սննդի մնացորդներ ձեռք գցելու հնարավորությունը։ Այսպես սկսեցին տեղի ունենալ մարդկանց ու գայլերի առաջին հանդիպումները։ Աստիճանաբար գայլերն ու մարդիկ սկսեցին ավելի ու ավելի շատ ժամանակ անց կացնել իրար հետ, որի արդյունքում տեղի ունեցավ ընտելացումը։

Այս տեսությունը հաստատում են որոշ հնէագիտական գտածոներ։ Ըստ գտնված նախնադարյան գայլի ատամների, գիտնականները հաստատեցին, որ հնադարյան ոչ բոլոր գայլերն են սնվել միատեսակ ուտելիքով։ Կախված նրանից , թե ինչպես են ժամանակի ընթացքում նրանց ատամները մաշվել՝ կարելի էր հասկանալ, որ վայրի գայլերը հիմնականում սնվել են մսով, իսկ ընտանիները՝ ոսկորներով կամ այլ կարծր ուտելիքով: Դա կարելի է բացատրել նրանով, որ մարդիկ իրենք են կերել միսը, իսկ ոսկորները տվել են իրենց նոր ընտանի կենդանիներին:

Մարդիկ աստիճանաբար սկսեցին հասկանալ, որ գայլերը կարող են օգտակար լինել իրենց տնտեսության մեջ: Այս անվախ պահապանները կարող էին պաշտպանել բնակավայրը ուրիշ վայրի կենդանիների հարձակումներից: Ավելին, նրանց կարելի էր օգտագործել որսի համար: Շները նաև օգնել են ընտելացնել անասուններին: Նույնիսկ մեր օրերում գոյություն ունեն շների մի քանի ցեղատեսակներ, որոնց հատուկ բուծում են հովիվներին ու ֆերմերներին օգնելու համար:

Այն մասին, որ շները շատ շուտով դառնում են ոչ թե պարզապես օգնականներ տնտեսության մեջ, այլ մարդու իսկական ընկերներ, նույնպես կարելի է հասկանալ հնագիտական պեղումներից: Հետազոտողները շատ հաճախ գտնում են շների թաղումներ, որոնք արվել են մարդու հոգարկավորության սովորույթների համաձայն: Դա նշանակում է, որ դեռ հին ժամանակներում շներին համարել են ընտանիքի անդամ:

Իհարկե, ժամանակի ընթացքում շան արտաքին տեսքն ու օրգանիզմի կառուցվածքը խիստ փոփոխվել են: Երբ շներին դեռ նոր էին սկսել ընտելացնել, նրանց նեծ մասն իրականում միանման տեսք ունեին: Այսօր մեզ հայտնի են շատ ցեղատեսակներ՝ իսկա դողերից մինչև փոքրիկ կորգի: Նոր ցեղատեսակ ստանալիս մարդիկ հատկապես աշխատել են ստանալ այնպիսի որակներ, որոնք օգտակար կլինեին առօրյա կյանքում: Մենք ունենք հովվաշներ, պահակ շներ, որսորդական շներ, ուղեցույց շներ: Արդեն շատ հազարամյակներ շները շարունակում են մնալ մեր ամենահավատարիմ ընկերները:

1.	Ինչի՞ մասին է խոսվում տեքստի մեջ.

	• 	Այն մասին, թե ինչպես հնադարյան մարդիկ շների շնորհիվ
սկսեցին զբաղվել ֆերմերագործությամբ:
	• 	Այն մասին, թե ինչպես տեղի ունեցավ շների ընտելացումը:

2.	Հնադարյան գայլերի բնավորության մեջ ո՞ր գիծն օժանդակեց
նրանց ընտելացմանը.

	• 	Նրանք հասարակական կենդանիներ են:
	• 	Նրանք կարողանում էին որս անել:

3.	Ինչպիսի՞ հնեագիտական գտածոներ են մատնանշում այն
հանգամանքը, որ շները եղել են մարդու իսկական ընկերները.

	• 	Գոյություն ունեն մարդկանց ժայռապատկերներ, որոնք գրկել
են շներին:
	• 	Շների և մարդկանց հողարկավորություններն արված են նույն
ավանդակարգով:

4.	Ի՞նչ սկզբունքով են ստացել շների շատ ցեղատեսակներ.

	• 	Մարդիկ հատկապես աշխատել են ստանալ այնպիսի
ցեղատեսակներ, որոնք տիրապետում են մարդու համար օգտակար
հատկությունների:
	• 	Մարդիկ աշխատել են ստանալ միայն մեծ չափսերի շներ:

5.	Ինչո՞վ կարելի է փոխարինել «ձեռք ցցելու» արտահայտությունը
«Սկզբնական շրջանում գայլերին հաճախ կարելի էր հանդիպել

մարդկանց բնակավայրերում, որովհետևն այնտեղ նրանց գայթակղում էր սննդի մնացորդներ ձեռք գցելու հնարավորությունը» նախադասության մեջ.

* ուտելու
* որսալու

6.   Ո՞ր տարբերակն է իր իմաստով հակադիր «հաստատում են» բառին «Այս տեսությունը հաստատում են որոշ հնէագիտական գտածոներ» նախադասության մեջ.

* ապացուցում են
* հերքում են

7.   Լրացրե՛ք բաց թողնված բառերը.

բնեռված   հետաքրքիր   բերեց

* Կենսաբանության դասն այնքան ոգեշնչող էր, որ աշակերտների ամբողջ ուշադրությունը ___________ էր ուսուցչի վրա:
* Ժամանակակից արվեստի նկատմամբ ունեցած հետաքրքրությունը մեզ ___________ հանրաճանաչ նկարիչ Դևիդ Հոկնիի ցուցահանդեսին:
* Հակոբին ___________ էր, թե ինչու իրեն չեն հրավիրել համաժողովին:

Մոդուլ 2.5

Իսկ դուք գիտե՞ք, որ մեր մոլորակի վրա աճում են ծառերի ավելի քան 60 հազար տարբեր տեսակներ։ Գործնականում նրանց կարելի է գտնել երկրագնդի ցանկացած կետում՝ բացառությամբ Անտարկտիդայի։ Ծառերը գոյություն ունեն արդեն ավելի քան 400 միլիոն տարի և նրանք հաղթահարել են ոչ միայն սառցե դարաշրջանը, այլ նաև մնացած մասշտաբային կատակլիզմները։

Ծառերը գերազանց կերպով հարմարվում են շրջակա միջավայրին և բնապայմանական փոփոխություններին։ Ավելին, ծառերն իրենք են պայմաններ ստեղծում, որի շնորհիվ ուրիշ կենդանի արարածներ կարողանում են գոյատևել մեր մոլորակի վրա։ Ծառերը մասնակցում են հողի կազմավորմանը, իսկ նրանց կանչ տերևները մթնոլորտից կլանում են ածխաթթու գազը՝ փոխարենն արտադրելով թույրին անհրաժեշտ թթվածինը։ Գիտնականները միշտ փորձել են պարզել, թե ինչպես են գործում ծառերը։ Նրանց հասկանալը երբեմն ավելի դժվար է, քան կենդանիներին։ Ծառերի մասին ունեցած մարդու պատկերացումն ամբողջ ժամանակ փոխվում է, և ծառերը չեն դադարում մեզ զարմացնել։

Սկզբում կարծում էին, որ ծառերը միմյանց հետ մրցում են արևի լույսի և հողային ռեսուրսների համար։ Բուլորովին վերջերս գիտնականները հետազոտություն կատարեցին և պարզեցին, որ իրականում ծառերն օգնում են միմյանց՝ կիսվել ռեսուրսներով։

Փորձն այսպիսին էր։ Գիտնականները կողք-կողքի երկու տարբեր ծառեր տնկեցին։ Նրանցից մեկի համար դիտավորյալ վատ պայմաններ ստեղծեցին, որպեսզի նա չկարողանա արևի բավականաչափ լույս ստանալ։ Երկրորդ ծառն աճում էր բարենպաստ պայմաններում։ Փորձի ընթացքում պարզվեց, որ այդ ծառերի միջև սկսել է օգտակար նյութերի փոխանակություն տեղի ունենալ։ Բարենպաստ պայմաններում աճող ծառն օգնում էր մյուս ծառին ստանալ անհասանելի նյութերը: Բայց նրանք նույնիսկ չէի՛ն պատկանում միևնույն տեսակին...

Ավելին, ծառերն արտադրում են հատուկ նյութեր, որոնց օգնությամբ նրանք վտանգների մասին հայտնում են իրենց հարևաններին: Այդ ժամանակ մնացած ծառերը հասցնում են պատրաստվել և ավելի քիչ վնաս են կրում: Այդպիսի փոխօգնությունը խթանում է ծառերի գոյատևմանը:

Հիմա մարդիկ հասկանում են, որ ծառերն ընդունակ են շփվելու, և նրանց միջև գոյություն ունի տեղեկատվական շատ լավ զարգացած համակարգ: Դրա օգնությամբ ծառերը միմյանց զգուշացնում են վտանգի դեպքում և կիսվում ռեսուրսներով: Նրանք նույնիսկ կարողանում են կուտակած տեղեկությունները փոխանցե՛լ հետագա սերունդներին...

Բացի միմյանց օգնելուց, ծառերը նաև համագործակցում են այլ օրգանիզմների հետ, օրինակ՝ հողային սնկերի: Այս սնկերն օգնում են ծառերի արմատներին ավելի լավ յուրացնել ջուրը և հողից աննդարատ նյութեր ստանալ: Հենց ծառերից են սնկերն ստանում շաքար, վիտամիններ և այլ օգտակար նյութեր: Հատկանշական է, որ սնկերն իրենք չեն կարող շաքար արտադրել: Երկու տեսակ օրգանիզմների միջև այսպիսի համագործակցությունը կոչվում է սիմբիոզ(համակեցություն):

1.   Ինչի՞ մասին է խոսվում տեքստի մեջ.

•   Ծառերի մասին հետաքրքիր փաստերից:
•   Այն մասին, թե ինչպես է կատարվել ծառերի էվոլյուցիան(զարգացման պրոցեսը):

2.   Ինչո՞վ են օգտակար ծառերը շրջակա միջավայրի համար.

- Ճառերը կլանում են ավելորդ լույսը:
- Ճառերը թթվածին են արտադրում, որն անհրաժեշտ է կենդանի արարածների համար:

3. Ինչպե՞ս փոխվեց ճառերի մասին ունեցած մարդկանց կարծիքը։

- Սկզբում կարծում էին, որ ճառերը մրցակցում են միմյանց հետ, իսկ հիմա գիտնականները հասկանում են, որ ճառերն օգնում են միմյանց:
- Սկզբում կարծում էին, որ ճառերը համագործակցում են այլ օրգանիզմների հետ. հետագայում այս տեսությունը հերքվեց:

4. Ի՞նչ ձևով է տեղի ունենում հողային անկերի և ճառերի միջև համագործակցությունը։

- Հողային անկերն օգնում են ճառերին հրդեհների ժամանակ, իսկ ճառերը անկերին շաքար են տալիս:
- Հողային անկերն օգնում են ճառերին հողից ավելի լավ յուրացնել ջուրն ու նյութերը, իսկ ճառերը անկերին շաքար են տալիս:

5. Ինչո՞վ կարելի է փոխարինել «գործում» բառը «Գիտնականները միշտ փորձել են պարզել, թե ինչպես են գործում ճառերը» նախադասության մեջ։

- աշխատում
- անվում

6. Ո՞ր տարբերակն է իր իմաստով հակադիր «մրցում են» բառին

«Սկզբում կարծում էին, որ ծառերը միմյանց հետ մրցում են արևի լույսի և հողային ռեսուրսների համար» նախադասության մեջ.

- պայքարում են
- համագործակցում են

7. Լրացրե՛ք բաց թողնված բառերը.

հարմարվել են   կլանում   պատկանում էին

- Պապիկը խորհուրդ տվեց ամռանը մուգ գույնի շոր չհագնել` կարծելով, որ մուգ գույները շատ ավելի լավ են —————— լույսը, քան բաց գույները:
- Ձեռնահարկում գտնված վազանները ___________ իմ հորաքրոջը:
- Կենգուրուներն ապրում են տաք կլիմայական պայմաններում, որին նրանք ___________ ` շնորհիվ ամենաշոգ ժամանակ սակավաշարժ մնալու իրենց կարողության:

Մոդուլ 2.6

Այսօր ինքնաթիռով կարելի է բավականին արագ հասնել աշխարհի ցանկացած կետ: Մարդկության պատմության մեջ առաջին թռիչքը տևել է ընդամենը տասներկու՛ վայրկյան... Բայց դա իսկական բեկում էր մարդկության համար: Ինքնաթիռների հայտնագործությունից շատ առաջ մարդիկ ձիերով էին մեկնում ճանապարհորդության: Այդպիսի ուղևորությունները կարող էին տևել շաբաթներ և նույնիսկ ամիսներ: Ճանապարհին հոգնում էր և՛ ձին, և՛ հեծյալը: Նրանք ստիպված էին լինում մի քանի անգամ կանգ առնել, որպեսզի հանգստանան:

Հետագայում, երբ հայտնագործեցին շոգեքարշը, ճանապարհորդելը դարձավ շատ ավելի հեշտ ու արագ: Բայց մարդիկ հավատում էին, որ կարող են էլ ավելի արագ տեղաշարժվել: Դա էր պատճառը, որ նրանք շարունակում էին փնտրել նորանոր միջոցներ:

Անհիշելի ժամանակներից մարդիկ նայում էին թռչուններին և երազում ճախրել երկնքում ճիշտ այդպես: Պահպանվել են շատ պատմություններ մարդու թռչելու փորձերի մասին: Ցավոք, նրանք բոլորը ճախողվել են:

Սկզբում անհաջողություններ կրեցին նաև Ռայթ եղբայրները: Ինչպես և ուրիշ շատ հայտնագործողներ, եղբայրներ Օրվիլն ու Ուիլբուրը երազում էին ստեղծել մի մեքենա, որ մարդուն օդով կտեղափոխեր երկար հեռավորության վրա: Իհարկե, նրանք նույնպես երկար հետևեցին թռչուններին` ուսումնասիրելով նրանց թռիչքը:

Բայց ահա, մի անգամ Ռայթ եղբայրները բացահայտում արեցին: Պարզվեց, որ թռչունների թևերի տակ ու վրայի օդը հոսք է առաջացնում և օգնում նրանց մնալ օդի մեջ: Թռիչքի ժամանակ թռչունները փոխում էին դիրքը և թևերի ուրվագիծը, որպեսզի փոխեն այդ օդային հոսքերի ուղղությունը: Այդպես նրանք կարող էին թեքվել իրեց անհրաժեշտ ուղղությամբ:

Ռայթ եղբայրները հասկացան, որ այդ հայտնագործությունը որոշիչ քայլ է դառնալու թռչող սարքերի ստեղծման գործում: Նրանք սկսեցին կառուցել ու փորձարկել սլայդերները` թռչող սարքեր, որոնք շարժվում էին բացառապես քամու միջոցով: Օրվիլն ու Ուիլբուրը հասան որոշ հաջողությունների, բայց դա բավական չէր երկար թռիչքներ ապահովելու համար:

Եղբայրները հասկանում էին, որ ամենադժվար խնդիրը լինելու է այդ թռչող սարքը կառավարվող մեխանիզմով ապահովելը: Չէ՞ որ չի կարելի օդաչուին օդ բարձրացնել` հույս դնելով միայն քամու վրա: Ու չնայած Ռայթ եղբայրները խորին համոզմունք ունեին, որ իրենց կենդանության օրոք չի հաջողվի ստեղծել այդպիսի մեխանիզմ՝ նրանք շարունակում էին իրեց փորձարկումները: Յուրաքանչյուր թռիչքից հետո նրանք նշումներ էին անում և փոփոխություններով բարելավում իրենց թռչող սարքը:

Ուսումնասիրելով իրենց նշումները՝ Ռայթ եղբայրները եկան այն եզրահանգման, որ իրենց չափումները ճշգրիտ չեն: Որպեսզի ճիշտ հաշվարկեն, թե ինչպիսին պետք է լինի թևը, նրանք հատուկ քամու թունել կառուցեցին: Այդ թունելի մեջ նրանք տարբեր ուրվագծերով թևեր փորձարկեցին: Այդպես նրանք ստուգում էին, թե որ ձևն է ամենաշատը նպաստում օդ բարձրացնել սարքը և ապահովել նրա թռիչքը: Ինչպես նաև, եղբայրները եկան մի հետաքրքիր եզրահանգման, որի մասին նախկինում ոչ ոք չէր մտածել: Նրանք հասկացան, որ իրենց թռչող սարքին պտչ է հարկավոր: Չէ՛ որ թռչունները նույնպես թռիչքի ժամանակ ակտիվ կերպով օգտագործում են իրենց պոչը, որպեսզի վերցնեն պետք եկած ուղղությունը:

Այդպես, որոշ ժամանակ և բազմաթիվ փորձարկումներից հետո ի հայտ եկավ բոլորին հայտնի «Ֆլայեր» օդանավը: Այդ թռչող սարքի մեջ միայն մի մարդ էր տեղավորվում: Նա պետք է կառավարեր թռիչքը: Այդ օդանավը կշռում էր 274 կիլոգրամ, իսկ թևերի երկարությունն անցնում էր 12 մետրից: Իր մասշտաբներով դա չլսված թռչող սարք էր այն ժամանակների համար:

Մի քանի փորձերից հետո 1903 թվականի դեկտեմբերի 17-ին տեղի ունեցավ Ֆլայերի առաջին հանրային թռիչքը: Օդանավը ղեկավարում էր Օրվիլ Ռայթը: Թռիչքը տևեց 12 վայրկյա՛ն... Դա մի անհավանական ձեռքբերում էր թռիչքների բնագավառում: Նախկինում ոչ ոք դեռ այդքան երկար չէր կարողացել մնալ օդում:

Թևավորվելով իրենց հաջողությամբ՝ Ռայթ եղբայրներն անցան

իրենց մեքենայի կատարելագործմանը: Հիմա նրանք համոզված էին, որ իրենց գյուտը երբևէ հնարավոր կլինի օգտագործել երկար տարածության տեղափոխության համար:

Այսօր մենք կարող ենք շատ հարմար ձևով ընդամենը մի քանի ժամում թռչել երկրագնդի ցանկացած կետ: Եվ չնայած ինքնաթիռի կատարելագործման վրա աշխատել են տարբեր երկրների բազմաթիվ գիտնականներ ու գյուտարարներ՝ թռիչքների բնագավառում ամենաառաջին հաջողությունը պատկանում է Ռայթ եղբայրներին: Նրանց թռիչքը, որ տևեց ընդամենը 12 վայրկյան, հաջողության հիմնաքար դարձավ յուրաքանչյուր հաջորդ թռչող սարքի համար:

1.   Ինչի՞ մասին է խոսվում տեքստի մեջ.

   •   Սա թռչունների մասի պատմություն է:
   •   Սա պատմություն է Ռայթ եղբայրների կողմից ստեղծված առաջին թռչող սարքերի մասին:

2.   Ինչպիսի՞ հետաքրքիր փաստ նկատեցին Ռայթ եղբայրները թռչունի թռիչքի մասին, որն էլ հետագայում օգնեց նրանց թռչող սարքի ստեղծման գործում.

   •   Թռչունները կառավարում էին թռիչքը գլխի օգնությամբ:
   •   Թռչունների թևերի տակ ու վրայի օդը հոսք էր առաջացնում և օգնում նրանց մնալ օդի մեջ:

3.   Բացի թևերից, Ռայթ եղբայրների թռչող սարքերն էլ ինչով էին նման թռչնի.

   •   պոչով

* Կտուցով

4. Ինչո՞վ էր հատկանշական Ֆլայերի 12 վայրկյանանոց թռիչքը.

* Ֆլայերն ամենաթեթև թռչող սարքն էր այդ պահին:
* Մինչ այդ ոչ ոք դեռ այդքան երկար չէր կարողացել մնալ օդում:

5. Ինչո՞վ կարելի է փոխարինել «թևավորվելով» բառը «Թևավորվելով իրենց հաջողությամբ` Ռայթ եղբայրներն անցան իրենց մեքենայի կատարելագործմանը» նախադասության մեջ.

* ոգեշնչվելով
* տանջվելով

6. Ո՞ր տարբերակն է իր իմաստով հականիշ «անհավանական» բառին «Դա մի անհավանական ձեռքբերում էր թռիչքների բնագավառում» նախադասության մեջ.

* եակաե
* սովորական

7. Լրացրե՛ք բաց թողնված բառերը.

ճանաչման որոշեց հարմարավետ

* Վարդանը երկար ու համառորեն աշխատեց իր ստեղծագործության վրա, որպեսզի _____________ հասնի գրողների շրջանում:
* Գնացքով ճանապարհորդությունն ամբողջ երկրով մեկ` բավականին _____________ էր:

- Շախմատի մրցաշարի ժամանակ Արաքսյան
  ______________ լուրջ քայլ անել և զամբիտ ձեռնարկեց:

Մոդուլ 2.7

Մեզանից ո՞վ գոնե մի անգամ չի տեսել ծույլ համրուկին: Եթե նույնիսկ ձեզ չի հաջողվել նրան կենդանի տեսնել, ուրեմն դուք հավանաբար տեսած կլինեք նրան հեռուստացույցով կամ մուլտֆիլմերում: Այս սիրասուն, անվնաս արարածներն արժանի են իրեց անվանը, քանի որ օրվա մեծ մասը կախվում են մի ինչ-որ ճյուղից և քնում: Նրանք դանդաղ են շարժվում, որս չեն անում և ժամերով՝ անշտապ ուտում են ծառի տերևները: Իսկ դուք գիտե՞ք, որ հազարավոր տարիներ առաջ մեր ժամանակակից համրուկների նախահայրերն իրեց չափերով ավելի շատ նման են եղել փղերի:

Արդի բնության մեջ հանդիպում են մի քանի հսկա կենդանիներ, անպիսիք, ինչպիսիք են ընձուղտը, կապույտ կետը, աֆրիկյան և հնդկական փիղը, կաշալոտը, գետաձին կամ ռնգեղջյուրը: Սակայն հազարավոր տարիներ առաջ մեր մոլորակի վրա ապրել են ավելի շատ հսկա կենդանիներ: Երկրի վրա քայլել են սրաժանիք վագրերը, երեք մետրանոց կենգուրուն և կուղբերը՝ որոնք ավելի շատ նման են արջերի: Հենց սա է պատճառը, որ այդ ժամանակաշրջանի կենդանական աշխարհը գիտնականներն անվանեցին մեգաֆաունս, որ լատիներենից թարգմանաբար նշանակում է «մեծ կենդանական աշխարհի»:

Նախապատմական համրուկներն իրենց չափսերով մի փոքր անգամ չէին զիջում մոլորակի մնացած հսկա բնակիչներին: Նրանց բարձրությունը երկու անգամ մեծ էր փղից՝ հասնելով 6 մետրի: Այդ հսկաները կշռում էին մինչև 4 տոննա: Մոտավորապես այդքան է կշռում բեռնավորված բեռնատա՛րը... Այս բացառիկ չափսերի համար գիտնականները նախապատմական համրուկին անվանեցին մեգատերիա, որ լատիներեն նշանակում է «մեծ գազան»:

Չնայած սարսափելի չափսերին՝ մեգատերիաները, ինչպես և իրենց ժամանակակիցները, եղել են շատ բարեհոգի և հանգիստ արարածներ: Նրանք թափառում էին անտառում և սնվում բուսականությամբ: Անշուշտ, այդպիսի չափսերով շատ տանջալից էր մնել ծառերի տակ: Փոխարենը մեգատերիաները կարող էին կանգնել հետևի ոտքերի վրա և երկար ճանկերով հասնել ծառերի վերին ճյուղերին: Նրանից պոկում էին թարմ, հյութեղ տերևները: Ամուր կանգնել հետևի ոտքերին՝ նրանց օգնում էր նաև շատ հզոր պոչը: Որպես օժանդակություն, եգատերիաներն այն օգտագործում էին ուտելու ժամանակ: Ամենաշատը նրանց հոգեհարազատ էր յուկկան, ագավան, ինչպես նաև տարբեր խոտեր:

Հակա համրուկներին ավելի հաճախ կարելի էր տեսնել խմբերով, բայց նրանց մեջ կային նաև միայնակները: Այդպիսի մեգատերիաները հիմնականում ապրում էին քարանձավներում, որոնք, ըստ հետազոտողների ենթադրության հանդիսանում էին նրանց որջը: Գիտնականները կարծում են, որ հակա համրուկներն այնքան էլ շատ թշնամիներ չունեին:

Առաջին բրածո հակա համրուկին գտել են XVIII դարում Արգենտինայում: Հայտնաբերելով այն՝ հետազոտող Մանուէլ Տորեսն իր գյուտն ուղարկեց Մադրիդի Բնական գիտությունների ազգային թանգարան: Այնտեղ թանգարանի աշխատակիցները հավաքեցին կմախքը և ուրվագծեցին որոշ սկզբունքներ:

Բայց անգամ դրանից հետո, գիտնականներն անմիջապես չհասկացան, որ իրենց առջև ոչ թե պարզապես ինչ-որ նախապատմական կենդանի է, այլ ինքը՝ ժամանակակից համրուկների նախահայրը: Առաջին մի քանի տարին հետազոտողները քրտնաջանորեն համեմատում էին մեգատերիային ժամանակակից կենդանիների հետ: Այդ աշխատանքի արդյունքում ենթադրություն արվեց, որ մեգատերիան եղել է համրուկների ցեղակիցը:

Շատ գիտնականներ կարծում են, որ հսկա համրուկները վերացել են երկու պատճառով: Մոլորակի վրա կլիման աստիճանաբար փոխվել է, և նրանց ապրելակերպին համապատասխան վայրերը գնալով ավելի ու ավելի են քչացել: Բայց մի ուրիշ ավելի լուրջ պատճառ հանդիսացավ մարդկանց համայնքների զարգացումը: Մարդիկ սովորեցին որս անել, իսկ հսկա ծույլը գերազանց ավար էր, քանի որ դանդաղաշարժ էր և չուներ պաշտպանական գործիքներ, ինչպես օրինակ՝ մամոնտի ժանիքը: Նշենք նաև, որ մի այդպիսի հսկայի մսով կարելի էր կերակրել մի ամբողջ համայնք:

Ինչ էլ որ եղած լինի, այսօր հսկա համրուկին կարելի է տեսնել միայն գրքի էջերում կամ համացանցում, ինչպես նաև Մադրիդի թանգարանում: Բայց նրանց սիրասուն ու անվնաս հետնորդներին՝ ժամանակակից ծույլերին, կարելի է կենդանի տեսնել արևադարձային անտառներում:

1.   Ինչի՞ մասին է խոսվում տեքստի մեջ.

   •   Ժամանակակից համրուկների և նրանց նախնիների՝ հսկա մեգատերիանների մասին:

   •   Մեգաֆաունայի տարբեր ներկայացուցիչների մասին:

2.   Ինչպե՞ս հետազոտողները հասկացան, որ մեգատերիանները հանդիսանում են ժամանակակից համրուկների նախնիները.

   •   Մեգատերիանները, ինչպես ժամանակակից համրուկները, սիրում էին կախվել ծառերից:

   •   Հետազոտողները համեմատեցին մեգատերիայի և համրուկի կմախքների կառուցվածքը և շատ նմանություններ նկատեցին:

3. Ի՞նչն է հանդիսացել մեգաստերիաների ոչնչացման պատճառը.

• Նրանք ոչնչացել են Երկրի և աստերոիդի բախման
պատճառով:

• Նրանք վերացել են կլիմայական փոփոխությունների, ինչպես
նաև մարդկանց որսորդական գործունեության պատճառով:

4. Ինչու՞ էին մեգաստերիաները հեշտությամբ դառնում մարդու զոհը.

• Որովհետև մեգաստերիաները դանդաղաշարժ էին և չունեին
պաշտպանական միջոցներ:

• Որովհետև մեգաստերիաներն ընկնում էին մարդկանց
պատրաստած ծուղակ-փոսերի մեջ:

5. Ինչո՞վ կարելի է փոխարինել «քրտնաջանորեն» բառը «Առաջին մի
քանի տարին հետազոտողները քրտնաջանորեն համեմատում էին
մեգաստերիային ժամանակակից կենդանիների հետ» նախադասության
մեջ.

• մանրակրկիտ
• ճանճրալիորեն

6. Ո՞ր տարբերակն է իր իմաստով հակադիր «տանջալից» բառին
«Անշուշտ, այդպիսի չափսերով շատ տանջալից էր՝ մտնել ծառերի տակ»
նախադասության մեջ.

• անհարմար
• հեշտ

7.   Լրացրե՛ք բաց թողնված բառերը։

սրընթաց   անխոցելի են   բացառապես

- Շնորհիվ իրենց հսկայական չափսերի՝ փղերն ___________ գիշատիչների մեծ մասի համար։
- Մի քանի վայրկյան նապաստակն անշարժ նստեց գետնին, իսկ հետո ___________ փախուստի դիմեց։
- Անցած ամառ Վարդանը _____________ դասական երաժշտություն էր լսում։

Մոդուլ 2.8

Այսօր Ատլի ընտանիքում հատուկ օր էր։ Ատլը երկար ու անհամբերությամբ էր սպասել այդ օրվան՝ չնայած պարզ չէր, թե երբ այն վերջապես կգար։ Այդ էր պատճառը, որ երբ նրանց տանը հայտնվեց տատմայրը, նա հասկացավ. ժամանակը եկել էր։

Հին ացտեկական գյուղերում տատմայրը շատ հարգված կին է եղել։ Նրա պարտավորությունն էր՝ օգնել նորածիններին աշխարհ գալ։ Ինչպես նաև նա անց էր կացնում բոլոր անհրաժեշտ ծիսակատարությունները, որպեսզի նորածինն սկսեր ապրել համաձայն բոլոր կանոնների։

Դեռ անցած աշնանը Ատլն իմացավ, որ գարնան մոտ իրենց ընտանիքում նոր փոքրիկ է հայտնվելու, և դա նրան շատ էր ուրախացնում։ Ատլը մեծացել էր մեծ ընտանիքում, բայց իրենից փոքր ընդամենը երկու երեխա կար՝ հնգամյա քույրիկն ու երեք տարեկան եղբայրիկը։ Եթե ընտանիքում հայտնվի ևս մեկ երեխա, այդ դեպքում Ատլն արդեն լրիվ չափահաս կհամարվի։

67

Սենյակ, որտեղ մայրիկն էր պառկած, Անդին չթողեցին ներս մտնել, ուստի նա ստիպված էր դրսում սպասել: Որոշ ժամանակ անց նա մանկան լացի ձայն լսեց, հետո տատմայրի ձայնը, որ ճառ էր կարդում նորածնի վրա: Շուտով նա դուրս եկավ սենյակից և ասաց.

—Տղա:

Ամբողջ ընտանիքն սկսեց շնորհավորել մեկ մեկու: Անդը բոլորից շատ էր ուրախացել, քանի որ հենց իրեն էին վստահել նորածնին հանձնել իր առաջին նվերը՝ նետեր ու վահան: Եթե աղջիկ ծնվեր, նրան կնվիրեին իլիկ կամ հյուսելու այլ պարագաներ:

Բոլորն սկսեցին պատրաստվել նորածնին անուն ընտրելու արարողությանը: Անդի ծնողները ճշտում էին օրացույցով: Ցեղում յուրաքանչյուր երեխա պետք է ունենար երկու անուն: Առաջին անունը օրացույցային էր. նրա ընտրությունը կախված էր այն բանից, թե երբ է աշխարհ եկել նորածինը: Երկրորդ անունն անձնական էր, և ծնողներն այն տալիս էին ըստ իրենց հայեցողության: Օրինակ, Անդի ընտանիքի բոլոր աղջիկներին ծաղիկների անուններով էին կոչել: Անդն ինքն էլ ուներ իր անձնական անունը՝ Օտլի, որ նշանակում էր « ճանապարհ»: Իր օրացույցային անունը՝ Անդ, նշանակում էր « ջուր»: Եթե միացնենք երկու անունները, ստացվում է ջրի ճանապարհ: Անդը հույս ուներ, որ ինչ որ ժամանակ, երբ ինքը չափահաս կլինի, գետով ճանապարհորդության կմեկնի:

Ըստ օրացույցի փոքրիկին Ogելոոլ անվանեցին, որ նշանակում էր «հովազ»: Ծնողներն էլ Յատոլ կոչեցին, որ նշանակում էր «մարտիկ»: Անդին դուր եկան անունները: Ըստ սովորույթի անվանակոչության արարողության բոլոր մասնակիցները միաբերան այդ անունը գոչեցին, իսկ հետո գնացին խրախճանալու և տոնելու նոր մարդու ծնունդը:

Աստիճանաբար կյանքը նորից իր բնականոն հունի մեջ մտավ: Ամեն առավոտ Անդը վեր էր կենում, օգնում մայրիկին՝ խնամել կրտեր եղբորը կամ ավագ եղբայրների հետ ձկնորսության էր գնում: Վերջերս լրացավ Անդի յոթ տարին, և հիմա նա կարող էր, ինչպես իր հայրն ու ավագ եղբայրները, կրել ազդրերը ծածկող փաթաթանը: Անդը չափից դուրս հպարտանում էր դրանով և իրեն լրիվ չափահաս զգում: Հագնելով փաթաթանը՝ նա լեզվով շոշափում էր բերանի այն մասը, որտեղից անցած շաբաթ ընկել էր կաթնատամը: Երբ ատամն ընկավ, տատիկը վերցրեց այն, հյուղակի մեջ մկան բույն գտավ և ատամը թաղեց այնտեղ: Նա բացատրեց Անդին, որ այդպես ավելի արագ կաճեն նրա մշտական ատամները: Ճիշտ է, նոր ատամը դեռ չէր շտապում գլուխը հանել: Ամեն դեպքում Անդը կարծում էր, որ մի շաբաթն այնքան էլ շատ չէ, և ատամը շուտով կերևա:

—Ա'տյ, նախքան եղբայրներիդ հետ ձկնորսության գնալը Օգելյուտլին տուն կտանես, — խնդրեց մայրիկը: — Տատիկը պատրաստվում է հարևանուհիների հետ մեր բակում թել մանել:

Անդը հլու հնազանդ բակ գնաց: Նրա գյուղում կարծում էին, որ նորածին երեխաներին ավելի լավ է չթողնել այնտեղ, որտեղ նրանց վրա կարող են նայել ծերերը: Անդի գյուղում հավատում էին, որ տարիքով մարդկանց հայացքը շատ ծակող է և կարող է վնասել նորածնին: Անդին այս նախապաշարմունքը տարօրինակ թվաց, քանի որ տատիկի ընկերուհիները շատ բարիացկամ էին:

Օգելյուտլին տուն տանելով գամբյուղով, որի մեջ նա պառկած էր՝ Անդը վազեց, որ հասնի իր ավագ եղբայրների հետևից, որոնք ձկնորսության էին գնում: Երբ վազում էր, նա նայեց իր երեք տարեկան եղբորը, որ վազվզում էր այգում՝ խաղալով իր փայտյա խաղալիքներով: Անդի կյանքն այլևս այդպես անվրդով չէր: Չորս տարեկանում նա հայրիկի հետ գնում էր ջուր բերելու, իսկ հինգում արդեն ինքնուրույն ցախ էր հավաքում օջախի համար: Անդը խելացի տղա էր մեծանում, ուստի, երբ լրացավ նրա վեց տարին, նրան սկսեցին շուկա ուղարկել՝

գնումներ կատարելու: Եվ ահա, խնդրեմ, հիմա էլ ավագ եղբայրներն իրենք են նրան ձկնորսության տանում իրենց հետ:

—Ճիշտ այնպես, ինչպես մեծ մարդուն, — մտածեց Ատլը:

Խրճիթին մոտ ճանապարհին Ատլը մի հետաքրքրաշարժ գունավոր քար նկատեց: Նա կռացավ, որ վերցնի այն, երբ հանկարծ զգաց, որ մի ստվեր անցավ նրա վրայով: Ատլը ուղղվեց ու տեսավ հարևան տղային, որ իրենից գոհ հոհրռում էր:

— Դու ի՞նչ ես, անցար իմ վրայո՞վ, — վրդովվեց Ատլը:

Ամբարտավան հարևանը գլխով արեց:

—Անմիջապես հե՛տ քայլիր, — պահանջեց Ատլը:

—Կերազգե՛ս, — ավելի բարձր հոհռաց հարևանը: — Ա՛յ հիմա ընդմիշտ փոքր կմնա՛ս...

Առած չարաճճիություններից գոհ՝ հարևանը թաքնվեց իր խրճիթում: Ատլը մտահոգվեց: Դեռ վաղ մանկությունից պապիկը սովորեցրել էր իրեն, որ եթե որևէ մեկը քայլ անի իր վրայով, պետք է անպայման համոզել այդ մարդուն, որ հետ քայլ անի. այլապես հնարավոր է ընդմիշտ փո՛քր մնալ... Իր ընտանիքում բոլոր տղամարդիկ բարձրահասակ ու ամուր էին: Մնալ փոքրիկ, երբ հատկապես երկու կտսեր եղբայրները կսկսեն մեծանալ, Ատլը բոլորովին չէր ցանկանում:

Ճիշտ է՝ ձկնորսության ընթացքում նա ժամանակավորապես մոռացավ իր վշտի մասին: Եղբայրները նրան ցույց տվեցին, թե որտեղ ավելի լավ է ձուկ փնտրել և ինչպես ճիշտ որսալ պահը, որպեսզի հարվածի նիզակով և չվրիպի: Ատլը նույնիսկ մտածեց, որ երբ մեծանա, կարող է ձկնոր կդառնալ:

Երբ եղբայրները վերադարձան բնակատեղի, դպրոցից վերադարձավ ամենաավագ եղբայրը: Երկու լուսին առաջ լրացել էր նրա տասնհինգ տարին, և հիմա նա ամեն օր դպրոց էր հաճախում: Անդը նրան ընդառաջ վազեց:

—Կգա՞ս խաղաս մեզ հետ, — հարցրեց Անդը: — Մենք՝ երեխաներով ուզում ենք վազել մինչև մյուս գյուղի ծայրը. տեսնենք ով է հաղթում:

—Վազեք առանց ինձ, — պատասխանեց եղբայրը: —Ես պետք է մրցույթի պատրաստվեմ: Այդ լավագույններիի դպրոցի տղերմները կարծում են, որ մեզանից ավելի լավն են, և ես պետք է պատրաստ լինեմ, որ նրանց տեղը դնեմ: Բացի դա, ուսուցչուհին ինձ հանձնարարություն է տվել` նկարել ռազմական գործողությունների քարտեզը, եթե ինձ անհրաժեշտ լինի հարթավայրում մարտի առաջնորդել իմ բանակը:

Անդը վշտացավ: Ավագ եղբայրը իր համար միշտ լավ ընկեր է եղել, և նա արդեն հասցրել էր նրան բավականին կարոտել վերջին մի քանի շաբաթներին: Եվ հիմա Անդը հիշեց նաև, որ առավոտյան հարևանի չար տղան քայլ էր արել իր վրայով: Հիմա արդեն Անդը համոզված էր, որ երբեք չի կարող դառնալ այնքան ուժեղ ու ճարպիկ, որքան իր եղբայրն է. ինքը երբեք չի գնա դպրոց և չի մրցի ուրիշ աշակերտների հետ ու ռազմական գործ չի սովորի:

—Քիթդ ինչո՞ւ կախեցիր, — հարցրեց Անդի ավագ եղբայրը: — Չարություն ես արել, հա՞, քանի դեռ այստեղ չեմ եղել, ու հիմա սպասում ես ծնողներիդ պատժին:

Անդը տարուբերեց գլուխը: Նա պատմեց եղբորն այն մասին, թե ինչ էր կատարվել առավոտյան, և թե ինչպես էր նա հիմա վախենում, որ այդպես էլ փոքր կմնա: Մի քանի վայրկյան եղբայրը լուռ նայեց նրան, իսկ հետո ասաց.

—Գլխիցդ հանի՛ր քայլ անելու մասին այդ հեքիաթները: Մյուս շաբաթ ինձ հետ կգաս բարձերով մարդի: Ես կասեմ հայրիկին` նա քեզ թույլ կտա:

71

—Կարելի՞ է, — Անլը չհավատաց իր ականջներին: Նա գիտեր, որ բարձերով մարտի են գնում միայն ավելի մեծ տղաներն ու աղջիկները:

—Իհա՛րկե, կարելի է, դու իսկական ռազմիկ ես, — պատասխանեց եղբայրը:

Ավագ եղբայրն իր խոսքի տերն էր, և հաջորդ շաբաթ Անլը նրա հետ մեկնեց բարձերով մարտի: Այդ կռվի ժամանակ տղաները խոտով լցնում էին պարկերն ու նետում աղջիկների վրա: Աղջիկներն էլ իրենց հերթին` կակտուսի փշերով էին հալածում տղաներին: Մարտից առաջ ավագ եղբայրն զգուշացրեց բոլորին, որ երես չտան Անլին. չէ որ նա արդեն բավականին մեծ մարտիկ է:

Անլը նույնիսկ չնկատեց, թե ինչպես թռավ օրը: Եղբոր և իր ընկերների շարքերում նա վազում էր աղջիկների հետևից, ուղիղ նշանառությամբ նրանց վրա նետում պարկերը և խույս տալիս փշերից: Օրվա վերջին բոլորը հավաքվեցին պարելու և երգելու:

—Լա՛վ ուրախացար,— հարցրեց Անլի եղբայրը` նստելով նրա կողքին: Ի պատասխան` Անլը գլխով արեց: Նա հոգնել էր, ու աչքերը կպչում էին:

—Հիմա իմ համար մեկ է` կմեծանամ ես, թե ոչ: Չէ որ կարելի է ուրախանալ նաև փոքրի՛կ լինելով... — ասաց նա, նախքան քաղցր քուն կմտներ ավագ եղբոր ուսին:

1. Ինչի՞ մասին է խոսվում տեքստի մեջ.

•   Տղայի կյանքի մասին, որն ապրում էր հին ացտեկական գյուղում:

•   Մի այլ երկրում մեր օրերում ապրող տղայի մասին:

2. Ինչպիսի՞ն էր նորածնին անվանակոչելու սովորույթը.   72

- Նորածնին տալիս էին միայն ու միայն օրացուցային անուններ:
- Նորածիններին երկու անուն էին տալիս. օրացուցային և անձնական, որը ծնողներն իրենք էին տալիս:

3. Ի՞նչ պարտավորություններ ուներ Աղը.

- Նվերներ պատրաստել նորածինների համար:
- Ջուր բերել, ցախ հավաքել, գնալ շուկա՝ գնումներ կատարելու և ձուկ բռնել:

4. Ինչու՞ Աղի ավագ եղբայրը նրան հրավիրեց բարձերով մարտի.

- Որպեսզի Աղը դադարի տխրել քայլ անելուն հավատալու պատճառով:
- Որպեսզի Աղը տեսնի, թե ինչպիսին պետք է լինի աշակերտը:

5. Ինչո՞վ կարելի է փոխարինել «հետաքրքրաշարժ» բառը» Խրճիթին մոտ ճանապարհին Աղը մի հետաքրքրաշարժ գունավոր քար նկատեց» նախադասության մեջ.

- կախարդական
- տարօրինակ

6. Ո՞ր տարբերակն է իր իմաստով հակադիր «վշտացավ» բառին «Աղը վշտացավ» նախադասության մեջ.

- տխրեց
- ուրախացավ

7.   Լրացրե՛ք բաց թողնված բառերը.

հաճախում   ջանքերով   Սովորության

- Եղբայրները մեծ հաճույքով էին ____________ ծեփագործության պարապմունքներին:
- ____________ համաձայն հայրիկն ու մայրիկը օրն սկսում են սուրճ խմելով:
- Մարզիչների և մարզիկների ____________ մեր թիմը մրցաշարում հասավ երկար սպասված հաղթանակին:

Մակարդակ 3

Մոդուլ 3.1

Դեռ հին ժամանակներից հայտնի է ագռավի և սափորի մասին առակը: Այս առակի մեջ ծարավից մեռնող ագռավը մի սափոր է գտնում: Նա սրընթաց թռչում է սափորի մոտ, որ հագեցնի ծարավը: Սակայն սափորի մեջ ջուրը հազիվ էր երևում հատակին, իսկ բերանը, պարզվեց, որ չափազանց նեղ է թռչնի գլխի համար: Ագռավը չկարողացավ հասնել ջրին: Սակայն նա չվհատվեց, այլ դրությունից դուրս գալու հետաքրքիր միջոց մտածեց: Նա սկսեց կտուցով քարեր հավաքել և սափորի մեջ գցել: Ջուրը դանդաղ բարձրացավ և վերջապես հասավ այն մակարդակին, որ ագռավին հաջողվեց կտուցով հասնել նրան: Այդպես նա փրկեց իր կյանքը:

Իհարկե, սա ընդամենը պատմություն է: Սակայն գիտնականները հետաքրքրվել են՝ արդյո՞ք ագռավներն այդքան խելամիտ են, ինչը որ պնդում է առակը: Պարզվում է, որ այդպիսի պահպանածքը լրիվ իրական է այս թռչնի համար: Մի փորձի ժամանակ փորձագետներր խոր փորձանոթի մեջ, ջրի հետ միասին, նրանց սիրած ուտելիքը տեղադրեցին: Ագռավների առջև մի շարք առարկաներ դրեցին: Գնահատելով իրավիճակը՝ ագռավներն սկսեցին ընտրել պինդ առարկաներ, որոնք, ջրի մեջ ընկնելով, կարող էին ընկղմվել: Այդ առարկաներր նրանք այնքան ժամանակ գցեցին փորձանոթի մեջ, մինչև որ անուշեղենն սկեց լողալ մակերևույթի վրա: Ոչ մի ագռավ չօգտագունծեց թեթև առարկա, որ կարող էր մնալ ջրի մակերեսին: Ինչպես նաև, նրանք չվերցրեցին չափազանց մեծ առարկաներ, որոնք կարող էին չտեղավորվել փորձանոթի մեջ: Ստացվում է՝ ագռավների պահվածքը առակում մտացածին չէր:

Գիտնական օրնիտոլոգները, որոնք ուսումնասիրում են թռչուններին, բազմաթիվ պատմություններ են պատմում ագռավների իրենց ուսումնասիրությունների մասին: Նրանցից յուրաքանչյուրը հաստատում է, որ ագռավներն իսկապես աներևակայելի խելացի կենդանիներ են: Բնության մեջ նրանք օգտագործում են տարբեր հնարամիտ միջոցներ, որպեսզի սնունդ հաթայթեն: Օրինակ, նրանք հնդկական ընկույզներ են բարձրությունից ցած նետում ասֆալտին: Երբ կեղևը ճեղքվում է հարվածից, ագռավները կտցահարելով հանում են ընկույզի միջուկը: Նրանք նաև օգտագործում են ճեռքի տակ ունեցած տարբեր առարկաներ, օրինակ ճյուղը, որպեսզի ծառի կեղևից դուրս քաշեն թրթուրներին:

Ագռավների մասին ամենահետաքրքիր փաստերից մեկն է հանդիսանում մարդկանց դեմքերը մտապահելու նրանց կարողությունը: Ոչ բոլոր կենդանիներն են ի վիճակի դա անել: Այդ պատճառով փորձագետներից մեկի կողմից արված փորձի արդյունքները ցնցեցին բոլորին:

Փորձին ներգրավվում են մարդկանց երկու խումբ: Մի խմբին հանձնարարում են կրել դեմքի սովորական արտահայտությամբ   75 դիմակներ: Այս խումբը գտնվում էր ազռավների հարևանությամբ և երբեմն կերակրում էր նրանց: Մարդկանց մյուս խմբին հատկացրեցին «վտանգավոր» դեմքերով դիմակներ: Հանձնարարություններից մեկը նրանց բռնելն էր: Իհարկե, այս փորձի ընթացքում ոչ մի ազռավ չտուժեց, քանի որ հետագայում նրանց բոլորին ազատ արձակեցին: Բայց, նույնիսկ ազատության մեջ ընկնելով և հետո տեսնելով «վտանգավոր» դիմակով մարդկանց, ազռավներն սկսում էին անհանգիստ ճիչեր արձակել: Դրանով նրանք զգուշացնում էին իրենց եղբայրակիցներին մոտեցող վտանգի մասին:

Բայց սրանով չավարտվեց փորձը: Աստիճանաբար ազռավները, որոնք երբեք չէին ընկել թակարդը, նույնպես սկսեցին տագնապալից ճչալ` տեսնելով «վտանգավոր» մարդկանց: Հետազոտողները դա բացատրեցին նրանով, որ բռնված ազռավները սովորեցրել են մնացածներին` ճանաչել այն մարդկանց դեմքերը, որոնք իրենց համար վտանգ են ներկայացնում:

Շվեդիայի գիտնականները բացահայտել են ազռավների ևս մի յուրահատկություն: Անհավատալի է, բայց այդ թռչունները կարողանում են պլանավորել: Փորձի առաջին մասում ազռավներին մի քանի առարկաներ ցույց տվեցին, որոնց մեջ կային քարեր, ինչպես նաև տուփի: Ազռավներն սկսեցին քարերը նետել տուփի մեջ, բայց անուշեղեն ստանում էին այն դեպքում, երբ հաջողվում էր քարը գցել տուփի մեջ:

Փորձի հաջորդ փուլում գիտնականներն ազռավներին ցույց տվեցին անուշեղեն պարունակող տուփը, բայց նրանց քարեր չտվեցին: Ազռավները չստացան իրենց հյուրասիրությունը, իսկ տուփը հեռացրեցին գիտնականները: Որոշ ժամանակ անց, ազռավներին ցույց տվեցին նույն առարկաները, որոնք օգտագործել էին փորձի առաջին փուլում: Ներկայացրած բոլոր առարկաների մեջ ազռավներն ընտրեցին միայն քար՛րը... Ավելի ուշ, երբ նրանց նորից ցույց տվեցին տուփը, նրանք օգտագործեցին կուտակած քարը, որպեսզի ստանան ցանկալի անուշեղենը:

Հավելենք նաև, որ ագռավներն օգտագործում են ամենատարբեր առարկաներ՝ սկսած կոներից մինչև գլխի գտած ճնճղակները, որպեսզի ազատ ժամանակ խաղան իրար հետ: Այդպիսի վարքագիծը նույնպես շատ հազվադեպ է հանդիպում կենդանիների շրջանում և գործնականում բացակայում է թռչունների մոտ:

Եվ ահա ստացվում է, որ առակի հեքիաթային ագռավն այքան էլ հորինված չէ: Նրա եղբայրակիցներն իրական կյանքում նույպես շատ խելացի ու հնարամիտ են:

1.   Ինչի՞ մասին է խոսվում տեքստի մեջ.

   •   Ագռավների որսի մասին:
   •   Ագռավների հնարամտության մասին:

2.   Ի՞նչ ձևով է ագռավներին հաջողվում ընդունական ընկույզ ուտել.

   •   Ագռավները ընդունական ընկույզն ուտում են հենց կեղևով:
   •   Ագռավները ջարդում են կեղևը՝ ընկույզը բարձրությունից ցած նետելով ասֆալտին:

3.   Ո՞րն է դիմակներով փորձի նպատակը.

   •   Ցույց տալ, որ ագռավները կարող են հաղորդակցվել տարբեր ճիչերի օգնությամբ:
   •   Ցույց տալ, որ ագռավները կարող են ճանաչել և հիշել մարդկանց դեմքի տարբեր արտահայտությունները:

4. Ո՞րն է քարերով ու տուփով փորձի նպատակը.

• Ցույց տալ, որ ագռավներն ի վիճակի են պլանավորել:

• Ցույց տալ, որ ագռավները կարող են լուծել երկրաչափական խնդիրներ:

5. Ինչո՞վ կարելի է փոխարինել «հրահանգել են» բառը «Մի խմբին հրահանգել են կրել դեմքի սովորական արտահայտությամբ դիմակներ» նախադասության մեջ.

• հանձնել են

• պատվիրել են

6. Ո՞ր տարբերակն է իր իմաստով հակադիր «պինդ» բառին «Գնահատելով իրավիճակը՝ ագռավներն սկսեցին ընտրել պինդ առարկաներ, որոնք, ջրի մեջ ընկնելով, կարող էին ընկղմվել» նախադասության մեջ.

• դատարկ

• ծանր

7. Լրացրե՛ք բաց թողնված բառերը.

որոշել   ընկճված   թերագնահատեց

• Մայրիկը կարող էր __________ իր երեխաների տրամադրությունը նրանց դեմքի արտահայտությամբ և ձայնի հնչողությամբ:

78

- Ընբշամարտի մրցումներին Մարիամը ____________ հակառակորդի ռեակցիայի արագությունը:

- Ալեքսն իրեն բավականին ____________ էր զգում անծանոթների շրջապատում:

Մոդուլ 3.2

Երբ Ուոլի Ֆանկն ընդամենը 17 տարեկան էր, բժիշկներն ասացին նրան, որ նա երբեք չի կարող քայլել: Բանը նրանում էր, որ Ուոլիին կոտրել էր իր ողնաշարը դահուկներով սահելիս: Բայց ընդամենը երեք տարի անց, Ուոլիին ոչ միայն քայլեց, այլ նաև դարձավ պրոֆեսիոնալ օդաչու: Այդ ժամանակ Ուոլիի մեջ մեծ երազանք ծագեց` տիեզերք թռչել: Երբ դեռ 22 տարեկան էր, 1961 թվականին, նա հաջողությամբ անցավ «Կանայք տիեզերքում» ծրագրի ընտրությունններում: Բայց այդ ժամանակ նրան բախտ չէր վիճակված տիեզերք թռչել. ԱՄՆ-ի կառավարությունն այդ տարիներին չէր պատրաստվում կին ուղարկել տիեզերք: Բայց Ուոլիին չհուսահատվեց և շարունակեց գնալ իր երազանքի հետքերով: 2021 թվականի հուլիսի 20-ին Բլու Օրիջին ընկերությունը տիեզերանավ ուղարկեց տիեզերք` որի մեջ առաջին անգամ ընդգրկվում էին չորս տիեզերական զբոսաշրջիկներ, որոնց թվում էր 82-ամյա Ուոլի Ֆանկը: Նա արդեն վաթսուն տարի շարունակ գնում էր իր երազանքի հետևից...

Ուոլի Ֆանկը ծնվել է 1939 թվականին Լաս Վեգաս քաղաքում: Դեռ մանկությունից նրան գերում էին ինքնաթիռները: Նրա սենյակի առաստաղից կախված էին ինքնաթիռների մոդելներ, որոնք նա ինքն էր պատրաստել: Ինը տարեկանում նա սկեց պիլոտաժի դասեր անցնել: Իսկ ընդհանրապես, Ուոլիին շատ բազմաբնույթ հետաքրքրասիրություններ ուներ: Նա տարվել էր ձիասպորտով, ձկնորսությամբ և որսորդությամբ: 14 տարեկանում Ուոլիին արդեն պրոֆեսիոնալ հրաձիգ էր և ստացել էր բազմաթիվ պարգևներ: Նա նաև մասնակցել է դահուկավազքի բազմաթիվ մրցաշարերի: Այս տարբեր մարմնամարզական պարապմունքների հաճախումներ էին, որ հետագայում օգնեցին Ուոլիին մնալ գերազանց ֆիզիկական պատրաստվածության վիճակում, որն այնքան կարևոր է օդաչուների և տիեզերագնացների թեկնածուների համար:

Ավագ դասարաններում Ուոլին ցանկանում էր մեխանիկայի դասեր անցնել: Բայց այդ ժամանակ նրանց դպրոցում աղջիկներին չէին թույլատրում մասնակցել նման պարապմունքների: Այդ էր պատճառը, որ 16 տարեկան հասակում նա պարզապես թողեց դպրոցը և ընդունվեց Միսսուրի նահանգի Կոլումբիա քաղաքի օդաչուների դպրոցը: Ուոլին ամենաօրինակելին էր 24 օդաչու սաների մեջ: Եվ իսկապես, Ուոլին բաց չէր թողնում թռչելու ոչ մի հնարավորություն և դարձավ պրոֆեսիոնալ կին օդաչու:

Այդ ժամանակ ԱՄՆ-ը շատ էր շտապում տիեզերք ուղարկել առաջին ամերիկացուն: Տիեզերագնաց դառնալու համար անհրաժեշտ էր անցնել ֆիզիկական պատրաստվածության դաժան թեսթեր: Փորձությունները հաղթահարեցին 7 տղամարդ, որոնց ներառեցին «Մերկուրի-7» կոչվող խմբում: Միևնույն ժամանակ ամերիկացի փորձագետ Ուիլյամ Լավլեսը որոշեց ստուգել՝ կարող են արդյոք կանայք անցնել տիեզերագնացների ընտրությունններում: Նա աղջիկների ընդունելություն կազմակերպեց՝ տալով նրանց հնարավորություն անցնել նույնպիսի փորձաքննություն, ինչպիսին անցնում են տղամարդիկ Մերկուրի-7-ի ծրագրում:

Երբ Ուոլի Ֆանկն իմացավ Ուիլյամ Լավլեսի ծրագրի մասին, նա անմիջապես նամակ գրեց նրան՝ խնդրելով նրան, որ իրեն վերցնեն նախքան թեսթը: Չնայած նրան, որ Ուոլիի տարիքը չէր համապատասխանում՝ որովհետև բավականին երիտասարդ էր, Լավլեսն ընդունեց նրան բացառության կարգով:

Փորձաքննությունը, որ անցնում էին Ուոլին ու մնացած տղամարդիկ ու կանայք, աներևակայելի դժվար էր։ Այդ ժամանակ տիեզերը թռչող հրթիռի մեջ գտնվելը ֆիզիկական ծայրագույն բեռնվածություն էր պահանջում, որ կարող էին հաղթահարել միայն ամենաուժեղները։

Այդպիսի ընտրական փորձաքննություններից մեկն էր հանդիսանում զգայական դեպրիվացիան։ Թեսթի նպատակն էր ժամանակավորապես բացօնել մարդու բոլոր հինգ զգայարանները. տեսողություն, համ, լսողություն, հոտառություն և շոշափելիքներ։ Գիտնականները ցանկանում էին հասկանալ՝ իրեն կկորցնի արդյոք ապագա տիեզերագնացը տիեզերքում, երբ կգտնվի անկշռելիության վիճակում։ Թեկնածուներին տեղավորում էին ջրով լցված խցիկի մեջ. այնտեղ բացարձակ մութ էր և ոչինչ չէր լսվում։ Ջրի ջերմաստիճանը հավասար էր մարդու մարմնի ջերմաստիճանին, այդ պատճառով մարդն այն չէր զգում։ Բնությունից տրված է, որ մարդու համար դժվար է գտնվել մի իրավիճակում, որտեղ նա ոչինչ չի տեսնում, չի լսում և չի զգում։ Շատերն անմիջապես սկսում են տագնապել։ Այս փորձաքննության մեջ Ուոլի Ֆանկը ռեկորդ սահմանեց՝ ավելի քան 10 ժամ մնալով զգայական դեպրիվացիայի վիճակում։

Լավլեսի փորձաքննության արդյունքում 13 կանայք անցան ընտրությունններում։ Նրանց անվանեցին «Մերկուրի- 13», և Ուոլի Ֆանկը նրանցից մեկն էր։ Այս կանայք անցան նույն քննությունները, որոնք անցել էին տղամարդիկ՝ Մերկուրի-7-ից։ Սակայն ԱՄՆ-ի կառավարության ծրագրերի մեջ չէր մտնում, որ տիեզերքը կին ուղարկեն։ 1961 թվականին Ալան Շեֆարդը տիեզերքը թռավ, դառնալով առաջին ամերիկացին և երկրորդ մարդն աշխարհում Յուրի Գագարինից հետո, որ թռել է տիեզերքը։

Լավլեսի նախագիծը փակվեց, և ահա թե ինչ է հիշում Ուոլլին այդ օրերից. «Ես երիտասարդ էի և երջանիկ, պարզապես հավատում էի, որ կբռնչեմ տհեգերը, եթե ոչ այսօր, ապա մի քանի ամսից»:

Ուոլլի Ֆանկը շարունակեց աշխատել որպես կին օդաչու և նույնիսկ դարձավ պիլոտաժի հրահանգիչ: Իր կարիերայի ընթացքում նա թռել է ավելի քան 19 հազար ժամ, և կրթել է ավելի քան երեք հազար օդաչուների: Այս ամբողջ ժամանակ Ուոլլին շարունակում էր երազել տհեգերքի մասին: 2021 թվականին, երբ Բլու Օրիջին ընկերությունն առաջարկություն արեց տհեգերք թռչել, Ուոլլին չէր կարող չհամաձայնել: Այն ժամանակ, Լավլեսի նախագծից 60 տարի անց, Ուոլլին տհեգերք թռավ՝ արդեն զբոսաշրջիկի կարգավիճակում: Այդ պահին նա ութսուներկու տարեկան էր:

1.   Ինչի՞ մասին է խոսվում տեքստի մեջ.

   •   Ուոլլի Ֆանկի զարմանալի կյանքի մասին:
   •   Դեպի տհեգերք կատարած մարդու առաջին թռիչքի մասին:

2.   Ինչու՞ Ուոլլին 16 տարեկանում դադարեց դպրոց գնալ.

   •   Որովհետև Ուոլլին որոշել էր իրեն նվիրել դահուկավազքին:
   •   Որովհետև նրան չթույլատրեցին մասնակցել մեխանիկայի դասերին:

3.   Ի՞նչ է զգայական դեպրիվացիան.

   •   Դա մի վիճակ է, երբ բթացնում են մարդու հինգ զգայարանները:
   •   Դա մի վիճակ է, երբ մարդն ընկղմվում է խոր

մեդիտացիայի մեջ:

4.   Ինչո՞ւ փակվեց Լավլեսի նախագիծը՝ այդպես էլ տիեզերք չուղարկելով ո՛չ մի կնոջ.

•   Որովհետև կանայք չկարողացան անցնել անհրաժեշտ քննությունները:
•   Որովհետև այդ ժամանակ ԱՄՆ-ի կառավարությունը չէր պլանավորել կին ուղարկել տիեզերք:

5.   Ինչո՞վ կարելի է փոխարինել «իրեն կկորցնի» արտահայտությունը «Գիտնականները ցանկանում էին հասկանալ՝ իրեն կկորցնի արդյոք ապագա տիեզերագնացը տիեզերքում, երբ կգտնվի անկշռելիության վիճակում» նախադասության մեջ.

•   կկենտրոնանա
•   կշփոթվի

6.   Ո՞ր տարբերակն է իր իմաստով հակադիր «դաժան» բառին «Տիեզերագնաց դառնալու համար անհրաժեշտ էր անցնել ֆիզիկական պատրաստվածության դաժան թեսթեր» նախադասության մեջ.

•   հեշտ
•   փափուկ

7.   Լրացրե՛ք բաց թողնված բառերը.

թեժացավ   ազդեցություն   վիճարկել

* Սպորտի հանդեպ տածած սերն ուժեղ __________ ունեցավ իմ մասնագիտության ընտրության վրա:
* Իրավիճակը __________ այն բանից հետո, երբ դասին ներկայացավ դպրոցի տնօրենը:
* Ինչ էլ որ լիներ, որոշված էր __________ նոր մասնակցի հայտարարությունն այն մասին, թե Երկիրը հարթ է:

Մոդուլ 3.3

Ջեննի փորին լողացնելուց հետո նորից հանգար բերեցին, որպեսզի հանգստանա: Ջեննին պարզապես պաշտում էր սարը ջրով ցայտելն ամառվա շոգ օրերին: Նա արդեն մոտ երեք տարի ապրում էր Թենեսի նահանգի փղերի արգելոցում: Այստեղ լավ էին հոգում նրա մասին:

Չէ որ մինչ այդ Ջեննին շատ ծանր կյանքով էր ապրել: Նա ծնվել էր Սումատրա կղզում 1972 թվականին: Երբ նա դեռ փոքրիկ փղիկ էր, նրան կղզուց տարան Ամերիկա: Այստեղ նրան երկար տարիներ ստիպեցին աշխատել կրկեսում չափազանց ծանր պայմաններում: Ջեննին մի անգամ չէ փորձել փախչել կրկեսի իր տերերից: Հետո Ջեննին վնասեց իր ոտքը և այլևս չկարողացավ ելույթ ունենալ: Այդ ժամանակ նրան ուղարկեցին ապրել կենդանիների մի ոչ մեծ ապաստանում: Ապաստանում Ջեննիին վատ էին կերակրում և չէին բուժում: Նիհարած ու հիվանդ Ջեննիին ցույց տվեցին հեռուստատեսությամբ: Եվ դա նրան օգնեց ընկնել փղերի համար նախատեսված արգելանոց, որտեղ նրան կուշտ կերակրեցին և վերջապես բուժեցին:

84

Եվ այսպես, Ջեննին լողանալուց հետո գնաց հանգար: Նա
գաղափար անգամ չուներ, որ նոր ձիդ են հանգար բերել, որին հենց նոր
էին տեղափոխել արգելանոցում ապրելու համար: Այս ձիդն կոչում էին
Շիրլի: Նա Ջեննիից բավականին մեծ էր, և նույնպես ծայրահեղ ծանր
կյանք էր ունեցել: Շիրլին ծնվել էր 1948 թվականին Ասիայում, որտեղից
նրան գողացել էին, երբ ընդամենը 5 տարեկան էր:

Շիրլիին նույնպես ստիպել են ելույթ ունենալ կրկեսում, որտեղ մեղր
չէին բաժանում: Մի անգամ Շիրլիին և կրկեսի մյուս ձիերին
տեղափոխող նավը ընթարկվեց նավաբեկության և խորտակվեց:
Շիրլիին փրկեցին, և նա շարունակեց աշխատել կրկեսում: Շիրլին
նույնպես` Ջեննիի նման վնասեց ոտքը և կրկեսի համար անպիտան
դարձավ: Այդ ժամանակ նրան ուղարկեցին կենդանաբանական այգի,
որտեղ նա ապրեց մի ամբողջ 20 տարի: Կենդանաբանական այգում
ուրիշ փղեր չկային, և Շիրլին իրեն շատ միայնակ էր զգում այդ ամբողջ
ժամանակ:

Եվ ահա, վերջապես Շիրլիին բախտը ժպտաց` հայտնվել փղերի
արգելոցում, որտեղ նա պատշաճ խնամք կստանար: Շիրլին կանգնած էր
հանգարում, երբ այնտեղ բերեցին Ջեննիին: Երկու փղերն էլ անմիջապես
մոտեցագին` միմյանց տեսնելով և իրարու կողմ մեկնեցին իրենց
կնճիթները: Նրանք այնպես էին ծգվել միմյանց ընդառաջ, որ նույնիսկ
կորացրել էին իրենց վանդակների երկաթե ձողերը: Նրանք փորձում էին
դուրս պրծնել իրենց վանդակներից և կնճիթներով հարվածում էին
ձողերին: Աշխատողները տարակուսած էին փղերի նման պահվածքից:
Չէ որ փղերը բավականին աչալուրջ են վերաբերվում անծանոթներին:
Բայց ակնհայտ էր, որ Շիրլին և Ջեննին ուրախ էին փոխադարձաբար,
այդ պատճառով նրանց տեղավորեցին հարևան վանդակներում: Փղերն
անմիջապես սկսեցին միմյանց հարվածել կնճիթներով և շարունակեցին
ուրախ մռնչալ:

Արգելանոցի աշխատակիցները կասկածում էին` արդյոք դա Ջեննիի և Շիրլիի առաջին հանդիպումն էր: Միգուցե փղերն անցյալում ծանոթ են եղել, և նրանց տարօրինակ պահվածքն իրականում պայմանավորված էր ուրախ հանդիպմամբ: Ուսումնասիրելով փղերի փաստաթղթերը` մարդիկ հասկացան, որ երկու փղերը 23 տարի առաջ միասին աշխատե՛լ են միննույն կրկեսում ... Այդ ժամանակ Շիրլին արդեն 28 տարեկան հարգարժան փիղ էր: Իսկ Ջեննիի չորս տարին նոր էր լրացել: Ենթադրվում էր, որ Շիրլին իր վրա է վերցրել Ջեննիի խնամքը, ինչպես մայր-փիղը կհոգար իր սեփական ձագուկի համար: Եվ այժմ, 23 տարվա բաժանումից հետո, Ջեննին ու Շիրլին անմիջապես ճանաչեցի՛ն միմյանց...

Իգուր չեն ասում, որ փղերն ապշեցնող հիշողություն ունեն: Հենց դա է փաստում գրող Ագաթա Քրիստիի «Փղերն ամեն ինչ հիշում են» վերնագրով գիրքը: Ինչ վերաբերվում է Ջեննիին ու Շիրլիին, նրանց հանդիպումն արգելանոցում տեղի է ունեցել 1999 թվականին, և մինչ այժմ նրանք անբաժան են:

1.	Ինչի՞ մասին է խոսվում տեքստի մեջ.

•	Շիրլի և Ջեննի փղերի կյանքի և վերամիավորման մասին:
•	Շիրլի և Ջեննի փղերի կրկեսային արկածների մասին:

2.	Ինչո՞ւ Շիրլին ու Ջեննին դադարեցին ելույթ ունենալ կրկեսում.

•	Որովհետև նրանք չկարողացան սովորել կրկեսային հնարքները:
•	Որովհետև նրանք երկուսն էլ վնասեցին իրենց ոտքը:

3.	Ինչո՞ւ Շիրլիի և Ջեննիի պահվածքը հանդիպման սկզբում

տարօրինակ թվաց.

• Որովհետև սովորաբար փղերն զգուշավորությամբ են
վերաբերվում անծանոթներին, իսկ Շիրլին ու Ջեննին իրենց այնպես
դրսևորեցին՝ կարծես վաղուց էին ճանաչում միմյանց:
• Որովհետև Շիրլին ու Ջեննին իրենց չափազանց ագրեսիվ
պահեցին:

4.   Ինչպե՞ս էին հանդիպել Շիրլին ու Ջեննին առաջին անգամ:

• Փղերն առաջին անգամ հանդիպել էին նավաբեկության
ժամանակ, և Ջեննին փրկել էր Շիրլիին՝ ջրից դուրս քաշելով
ցամաք:
• Փղերն առաջին անգամ հանդիպել էին, երբ աշխատում էին
կրկեսում. այդ ժամանակ Շիրլին սկսեց հոգ տանել Ջեննիի մասին՝
ինչպես իր սեփական ձագուկի:

5.   Ինչո՞վ կարելի է փոխարինել «բախտը ժպտաց»
արտահայտությունը «Եվ ահա, վերջապես Շիրլիին բախտը ժպտաց՝
հայտնվել փղերի արգելոցում» նախադասության մեջ.

• ուրախացրեց
• հաջողվեց

6.   Ո՞ր տարբերակն է իր իմաստով հակադիր «աշալուրջ» բառին «Չէ
որ փղերը բավականին աշալուրջ են վերաբերվում անծանոթներին»
նախադասության մեջ.

• զգուշավոր

* անհոգ

7. Լրացրէ՛ք բաց թողնված բառերը։

աչալուրջ   պարգունակ   համառորեն

* Մաթեմատիկայի դասը շատ ձանձրալի թվաց Ինգային, քանի
որ այդ օրն ուսուցչուհին առաջարկել էր լուծել ____________
խնդիրներ։

* Կատվին հնարավոր չէր չնկատել, քանի որ նա ____________
քսմսվում էր ոտքերին ու մլլտում։

* Ձնողները սվորեցրին իրենց երեխաներին____________ լինել և
հետևել, որպեսզի շնիկը չփախչի։

Մոդուլ 3.4

Չորս հարյուր տարի առաջ իսպանական նավատորմի նավերն
Ատլանտյան օվկիանոսով ուղղություն վերցրին դեպի Ամերիկայի ափերը։
Նավերից մեկի վրա քահանա Անտոնիո դե լա Ասենսիոնը չափազանց
անհանգիստ էր։ Բայց պատճառը մոտեցող փոթորիկը չէր։ Խորհրդավոր
ու շատ վտանգավոր մի հիվանդություն սպտահարել էր գրեթե բոլոր
նավաստիներին։ Այդպիսի փորձանք քահանան մինչ այդ չէր տեսել։

Անցան շաբաթներ, և վերջապես նավերն ափ հասան։ Ուժասպառ
նավաստիներն ուրախ էին ափ հասնելով՝ չնայած նրանք չգիտեին, թե
դեռ որքան կդիմակայեն այդ հիվանդությանը։ Ափին նավաստներն իրենց
համար անծանոթ մի բույս տեսան՝ կակտուս։ Մի քանի համարձակներ
նույնիսկ հանդգնեցին ճաշակել պտուղները, որ աճել էին կակտուսի վրա։
Շատ շուտով նրանց ինքնազգացողությունը լավացավ։ Սյուս
նավաստիները հետևեցին նրանց օրինակին։ Թե ինչ պատահեց
հետագայում, քահանա Անտոնիոն հրաշք անվանեց։ 88

«Նավաստիները կերան կակտուսի պտուղները և երկու շաբաթ անց նրանք բոլորն առողջացան», — գրել է նա:

Հիվանդությունը, որ վարակել էր նավաստիներին, բժիշկներն անվանեցին ցինգա (լնդախտ): Դարեր շարունակ մարդիկ չէին կարողանում հասկանալ՝ որն է լնդախտի պատճառը: Նրանք նկատեցին՝ եթե մարդը երկար ժամանակ մրգեր և բանջարեղեն չուտի, կարող է հիվանդանալ լնդախտով: Այդպես էր պատահել իսպանական նավատորմի նավաստիների հետ, որոնք երկար ամիսներ մրգի ուբանջարեղենի երես չէին տեսել: Ինչ որ պահի մարդիկ կռահեցին՝ ծովային երկար ճանապարհորդության ժամանակ իրենց հետ լիմոնի սոկ վերցնել, որը չէր փչանում նավի վրա: Նավաստիները լիմոնի սոկն ավելացնում էին սննդին ու խմիչքին և այլևս չէին հիվանդանում լնդախտով: Չնայած, որ մարդիկ գտան հարցի լուծումը՝ նրանք դեռևս չէին կարողանում հասկանալ, թե ինչ կա մրգերի ու բանջարեղենի մեջ, որ մարդկանց բուժում է լնդախտից:

Նավաստիների՝ դեպի Ամերիկա կատարած ճանապարհորդությունից մոտավորապես երկու հարյուր տարի անց, հոլանդացի գիտնական Քրիստիան Էյկմանը ուսումնասիրեց մի այլ խորհրդավոր հիվանդություն, որ կոչվում էր «բերի-բերի» (ավիտամինոզ B1): Բերի-բերիյով շատ հաճախ հիվանդանում էին մարդիկ, որոնք ապրում էին այնպիսի երկրներում, որտեղ սննդի մեջ շատ բրինձ են օգտագործում: Էյկմանը գիտեր, որ բերի-բերիյով երբեմն հիվանդանում են նաև հավերը: Այդ պատճառով նա հիվանդ հավերին ուսումնասիրեց իր լաբորատորիայում, որ գտնվում էր այժմյան Ինդոնեզիայի տարածքում գտնվող հոլանդական գաղութում: Երկար տարիներ նա ենթադրում էր, որ մարդիկ հիվանդանում են բերի-բերիյով մի ինչ-որ անհայտ բակտերիայի պատճառով:

Մի անգամ Էյկմանի լաբորատորիայում հրաշք պատահեց. հավերն առողջացան բերի-բերի հիվանդությունից: Հավերին ոչ մի նոր տեսակի դեղ չէին տվել։ Սակայն պարզվեց, որ նրանց սկսել էին կերակրել բրնձով, որ ցնել էին մի նոր տեղից։ Դրանից առաջ հավերին տալիս էին հոլանդական բանակի խոհանոցի սպիտակ բրնձի մնացորդները։ Բայց երբ խոհանոցն սկեց գլխավորել մի նոր խոհարար, նա հրաժարվեց բրինձը տալ հավերին։ Ստիպված էին թռչունների համար անմշակ բրինձ ճարել, որը դեռևս պատված էր շականակագույն կճեպով։ Այդ ժամանակ Էյկմանը ենթադրեց, որ բրնձի կճեպը պարունակում է մի այնպիսի նյութ, որը շատ անհրաժեշտ է առողջության համար։ Երբ մարդը երկար ժամանակ սնվում էր մաքրած բրնձով, նա հիվանդանում էր բերի-բերիով՝ այդ նյութի պակասության պատճառով։

Էյկմանն իրավացի էր։ Երբ 18-րդ դարում սովորեցին մաքրել բրինձը, հիվանդության դեպքերն սկեցին աճել։ Պարզվեց, որ գրավիչ, սպիտակ բրինձը շատ ավելի քիչ է օգտակար, քան չմաքրվածը։ Էյկմանը բազմաթիվ փորձեր կատարեց և բացահայտեց՝ այդ նյութը, որի բացակայության պատճառով առաջանում է բերի-բերին, վիտամին B1-ն է։

Այսպես մարդիկ բացահայտեցին վիտամինները։ Վիտամիններն այնպիսի նյութեր են՝ առանց որի մարդկային օրգանիզմը չի կարող ճիշտ գործել։ Ամբողջությամբ վերցրած՝ գոյություն ունեն 13 հիմնական վիտամիններ։ Մարդկային օրգանիզմին անհրաժեշտ են շատ քիչ չափաբաժնով վիտամիններ։ Այնուամենայնիվ, եթե որևէ վիտամին պակասի, մարդը կարող է լրջորեն հիվանդանալ։ Դրա համար պետք է աշխատել ճիշտ սնվել, ուտել տարբեր մթերքներ՝ չմոռանալով մրգերի, բանջարեղենի և ընկույզների մասին։ Իսկ Էյկմանն ու Սենթ-Գեորգին իրենց գյուտի համար ստացան Նոբելյան մրցանակ։

1.   Ինչի՞ մասին է խոսվում տեքստի մեջ.

- Հիվանդությունների և վիտամինների մասին: 90

- Արկածների մասին, որոնք կատարվել են ծովային ճանապարհորդության ժամանակ:

2. Ո՞ր վիտամինի պակասից է առաջանում «բերի-բերի»-ն:

- վիտամին B1-ի
- վիտամին C-ի, որովհետև լնդախտն ու բերի-բերին նույն հիվանդությունն են:

3. Ո՞ր վիտամինի պակասից է առաջանում լնդախտը.

- բազմաթիվ վիտամինների պակասից
- վիտամին C-ի պակասից

4. Ի՞նչ պետք է անել, որ չառաջանա վիտամինների պակաս.

- Անհրաժեշտ է ուտել կակտուսի պտուղներ և անմշակ բրինձ:
- Անհրաժեշտ է ուտել տարբեր մթերքներ՝ չմոռանալով մրգերի, բանջարեղենի և ընկույզների մասին:

5. Ինչո՞վ կարելի է փոխարինել «կռահեցին» բառը «Ինչ որ պահի մարդիկ կռահեցին՝ ծովային երկար ճանապարհորդության ժամանակ իրենց հետ լիմոնի սոկ վերցնել, որը չէր փչանում նավի վրա» նախադասության մեջ.

- մտածեցին
- համաձայնեցին

6. Ո՞ր տարբերակն է իր իմաստով հականիշ «ուժասպառ»

բառին «Ուժասպառ նավաստիներն ուրախ էին ափ հասնելով՝ չնայած նրանք չգիտեին, թե դեռ որքան կդիմակայեն այդ հիվանդությանը» նախադասության մեջ.

- առույգ
- թուլացած

7.   Լրացրէ՛ք բաց թողնված բառերը.

                        նշմարեց   տեր էր   արժանի

- Հայրիկը հումորի գերազանց զգացումի ____________ և մեզ անդադար զվարճացնում էր:

- Եղնիկն այնուամենայնիվ ծառերի արանքից ____________ որսորդին և շտապեց թաքնվել անտառի թավուտում:

- Երկար բանակցություններից հետո որոշվեց շարունակել դպրոցի տնօրենի հաստիքի համար ____________ թեկնածուի որոնումները:

Մոդուլ 3.5

Երբ կալիֆորնիական կոնդորը փռում է իր թևերը, ապա նրա մի թևի ծայրից մյուս թևի ծայրը կարող է գերազանցել իննուկես ֆուտը: Եթե պատկերացնեք, որ կոնդորը հայտնվել է ձեր տան մեջ, ապա թռիչքի ժամանակ նա կարող է միաժամանակ մի թևով կպչել հատակին, իսկ երկրորդով՝ առաստաղին... Սա Հյուսիսային Ամերիկայի ամենախոշոր թռչող թռչունն է: Կալիֆորնիական կոնդորները կարող են ապրել մինչև վաթսուն տարի: Երիտասարդ տարիքում նրանք իրենց համար զուգընկեր են ընտրում, որից այլևս չեն բաժանվում: Իրենց զուգընկերոջ հետ կոնդորները ձվադրում են և խնամում ճտերին:

Կալիֆոռնիական կոնդորներն անտառի սանիտարներն են կամ լեշակերները: Նրանք շատ կարևոր ֆունկցիա են կատարում բնության մեջ: Սնվում են թույլ, հիվանդ և սատկած կենդանիներով: Եթե նրանք դա չանեն, ապա կենդանական աշխարհում շատ ավելի արագ կտարածվեն հիվանդությունները:

Դժվար է հավատալ, որ մոտավորապես քառասուն տարի առաջ կոնդորները քիչ էր մնում վերանային աշխարհի երեսից: 1980-ականներին նրանցից մնացել էին 22 հատ: Իսկ ի՞նչ էր պատահել:

Արդեն 1950-ական թվականներին կալիֆոռնիական կոնդորն ընկել էր ոչնչացման վտանգի տակ: Միևնույն ժամանակ խիստ կրճատվել էր կոնդորների աճելու միջավայրը: Այն տարածությունը, որտեղ կոնդորներն ապրում էին հազարամյակներ շարունակ, մարդիկ կամ կառուցապատել էին կամ սկսել էին օգտագործել գյուղատնտեսական նպատակներով:

Երկար ժամանակ կալիֆոռնիացի որսորդներին թույլատրվում էր օգտագործել կապար պարունակող պարկուճներ: Կապարը մետաղի մի տեսակ է, որը պետք է օգտագործել մեծ զգուշությամբ, քանի որ այն թունավոր է մարդկանց և կենդանիների համար: Երբ կալիֆոռնիական կոնդորը գտնում էր որսորդների կրակոցից սպանված կենդանիներին, նա շատ հաճախ կուլ էր տալիս նաև կապարե պարկուճները: Կոնդորների համար իսկական աղետ դարձան կապարից առաջացած թունավորումները:

Սյուս աղետը, որ հասել էր կոնդորներին, դա «ԴԴՏ» կոչվող քիմիական նյութն էր: Մարդիկ սկսել էին օգտագործել ԴԴՏ-ն որոշ միջատների դեմ պայքարում, որոնք վտանգավոր էին բերքի համար: ԴԴՏ-ն ընկնում էր կոնդորների օրգանիզմի մեջ, երբ նրանք ուտում էին մանր կենդանիներին, որոնք արդեն վարակվել էին այդ նյութով: Մարդիկ անմիջապես չիմասկացան, թե ինչպիսի վնաս կարող է հասցնել ԴԴՏ-ն կոնդորներին: Բանը նրանում էր, որ ԴԴՏ-ի պատճառով

93

կոնդորների ճվերի կճեպները դառնում էին շատ բարակ ու փխրուն: Երբ կոնդորները փորձում էին ճվադրել, կճեպը պարզապես ճաքում էր նրանց մարմնի ծանրությունից:

Երբ 1980-ականներին կոնդորներից մնացել էին ընդամենը 22 հատ, գիտնականները որոշեցին մի ռիսկային քայլ դիմել. դուրս հանել մնացած թռչուններին վտանգավոր վայրի միջավայրից և բազմացնել նրանց անազատության մեջ: Այլ ելք չկար՝ փրկելու թռչունների այդ տեսակը: Քիչ-քիչ կոնդորներն սկսեցին բազմանալ անազատության մեջ, և ժամանակ առ ժամանակ գիտնականներն սկսեցին հետ ուղարկել նրանց դեպի բնություն: Միաժամանակ գյուղատնտեսության մեջ արդեն դադարեցին օգտագործել ԴԴՏ-ն, իսկ կապարէ պարկուճներն արգելվեցին: Մինչև 2022 թվականը գիտնականների ջանքերի շնորհիվ, կոնդորների թվաքանակը հասավ 500-ի: Այսօր նրանցից շատերն ապրում են բնության մեջ: Այս տեսակը դեռևս շարունակում է մնալ ոչնչացման վտանգի տակ, բայց կալիֆորնիական կոնդորի պարագայում ապագայի հետ կապված հույսեր հայտնվեցին:

1. Ինչի՞ մասին է խոսվում տեքստի մեջ.

• Այն մասին, թե ինչպես կալիֆորնիական կոնդորն ընկավ ոչնչացման վտանգի տակ, և այս կենդանիներին փրկելու՝ գիտնականների ջանքերի մասին:
• Այն մասին, թե ինչպես կալիֆորնիական կոնդորն ազդեց այն օրենքի վրա, որը կարգավորվում էր գյուղատնտեսությունն ու որսը:

2. Ո՞րն է կալիֆորնիական կոնդորի ֆունկցիան բնության մեջ.

• Կալիֆորնիական կոնդորին անվանում են անտառային

սանիտար, քանի որ այս թռչունը բնույթունը մաքրում է կապարից ու ԴԴՏ-ից:

* Կալիֆորնիական կոնդորը սնվում է հիվանդ կամ սատկած կենդանիներով՝ կանխարգելելով բնույթյան մեջ վարակներն ու հիվանդությունները:

3. Ի՞նչ ազդեցություն է ունենում ԴԴՏ կոչվող նյութը կալիֆորնիական կոնդորի վրա.

* ԴԴՏ-ն փոխեց կալիֆորնիական կոնդորի ձվի կճեպի ամրությունը, և այդ պատճառով ճտերը չէին կարողանում ձվից դուրս գալ:
* ԴԴՏ-ի պատճառով կալիֆորնիական ձվի կճեպը չափազանց բարակեց և ջարդվում էր ձվադրության ժամանակ:

4. Ի՞նչ միջոցով հաջողվեց բարձրացնել կալիֆորնիական կոնդորի գլխաքանակը՝ 22-ից հասցնելով այն ավելի քան 500-ի.

* Հետազոտողները բնույթունից առանձնացրին կալիֆորնիական կոնդորների որոշ քանակություն՝ նրանց համար ստեղծելով բազմացման պայմաններ անազատության մեջ. որոշակի պահի կոնդորներին սկեցին հետ վերադարձնել բնույթուն:
* Ուսումնասիրողները կոնդորներին վերաբնակեցրին ապրելու նոր միջավայրում, որտեղ կապարից ու ԴԴՏ-ից վարակվելու հնարավորությունը բացակայում էր:

5. Ինչո՞վ կարելի է փոխարինել «տարածություն» բառը «Այն տարածությունը, որտեղ կոնդորներն ապրում էին հազարամյակներ շարունակ, մարդիկ կամ կառուցապատել էին կամ սկսել էին օգտագործել գյուղատնտեսական նպատակներով» նախադասության մեջ.

- օրը
- ապրելու միջավայրը

6.   Ո՞ր տարբերակն է իր իմաստով հակադիր «ռիսկային» բառին «երբ 1980-ականներին կոնդորներից մնացել էին ընդամենը 22 հատ, գիտնականները որոշեցին մի ռիսկային քայլ դիմել. դուրս հանել մնացած թռչուններին վտանգավոր վայրի միջավայրից և բազմացնել նրանց անազատության մեջ» նախադասության մեջ.

- վտանգավոր
- փորձված

7.   Լրացրե՛ք բաց թողնված բառերը.

հաջողությունը   ինքնավստահ   երկար սպասված

- Վերջապես ____________ ժպտաց ճանապարհորդներին, և նրանք գտան բնակավայր տանող ճանապարհը:
- Մանեն անչափ ուրախ էր ____________ ծանրոցի համար:
- Գայանեն բավականին ____________ աղջիկ է:

Մոդուլ 3.6

Այսօր կոճակի մի հպումով մենք կարող ենք ընկերական կամ գործնական հաղորդագրություն ուղարկել երկրի ցանկացած կետ: Մենք կարող ենք զանգահարել կամ լսել մարդու ձայնը, եթե նույնիսկ նա գտնվում է մեզանից հազարավոր կիլոմետրեր հեռու: Մենք տեսակապով անց ենք կացնում միջազգային հանդիպումներ մի քանի տասնյակ մարդկանց մասնակցությամբ, որոնք գտնվում են տարբեր երկրներում և տարբեր ժամային գոտիներում:

Բոլորովին այլ կերպ է տեղի ունեցել հաղորդակցությունը այն վաղ ժամանակներում, երբ գոյություն չունեին էլեկտրոնային փոստեր և հեռախոսներ: Մարդիկ միմյանց ուղերձ էին գրում թղթի վրա կամ այն ուղարկում սուրհանդակի միջոցով: Այդպիսի նամակները հասցեատիրոջն էին հասնում ամիսներ անց: Իսկ ի՞նչ, եթե ուղերձը պետք էր շտապ տեղ հասցնել: Այդպիսի մի անհետաձգելի նամակի մասին է պատմում Հին Հունաստանից մեզ հասած լեգենդը :

Մեր թվականությունից առաջ 490 թվականին հին հույները մարտնչում էին պարսիկների դեմ: Պատերազմը շատ դաժան էր, և հույներն ստիպված էին բավականին ուժ ներ դնել, որպեսզի հաղթեն: Եվ վերջապես Մարաթոն քաղաքի մատույցներում տեղի ունեցած ճակատամարտից հետո հույները տարան երկար սպասված հաղթանակը: Այդ ժամանակ նրանք որոշեցին սուրհանդակ զինվոր ուղարկել մայրաքաղաք, որ բոլորն իմանան այդ ուրախալի իրադարձության մասին: Հունաստանի մայրաքաղաք Աթենքը Մարաթոնից գտնվում էր մոտավորապես 42 կիլոմետր հեռավորության վրա:

Ֆիդիպիդես անունով ռազմիկին ուղարկեցին Աթենք, որ շտապ հայտնի հաղթանակի լուրը: Պարսիկների դեմ տարած հաղթանակն այնքան կարևոր իրադարձություն էր աթենացիների համար, որ Ֆիդիպիդեսին հրամայված էր որքան հնարավոր է արագ տեղ հասցնել լուրը: Այդ պատճառով վերջինս վազքով անցավ ամբողջ ճանապարհը և ճանապարհին ոչ մի անգամ դադար չտվեց հանգստանալու համար: Սովորական մարդու համար վազքով կտրել այդպիսի տարածությունն առանց շունչ առնելու` գործնականում անհնար է: Երբ Ֆիդիպիդեսը հասավ Աթենք, նա հասցրեց ավետել հույների հաղթանակի լուրը, սակայն դրանից անմիջապես հետո անշնչացած ընկավ:

Հենց այս պատմության մոտիվներով առաջացավ նոր սպորտաձև՝ մարաթոնյան վազք անվանմամբ: Մարաթոնյան մրցուղու ստանդարտ տարածությունը 42 կիլոմետր 195 մետր է. դա Մարաթոնի և Աթենքի միջև ընկած երկարությունն է: Մարաթոնյան վազորդները երկար ու մեթոդաբանորեն են պատրաստվում վազքին՝ նախապատրաստելով իրենց օրգանիզմն այդպիսի ֆիզիկական ծանրաբեռնվածության. չէ որ ոչ ոք չի ցանկանում Ֆդիպիդեսի բախտին արժանանալ՝ վերջնագծին հասնելով: Ներկա պահին այս հեռավորությունը ամենաարագը վազել է քենիացի Էլիուդ Կիպչոգեն: Նա կարողացել է հաղթահարել մարաթոնյան տարածությունը երկու ժամ մեկ րոպե և երեսունՄն վայրկյանում...

Հատկանշական է, որ մարաֆոնյան լեգենդն ունի նաև երկրորդ վարկած: Այն մեզ է հասել հին հույն պատմաբան Հերոդոտոսի պատմության միջոցով: Նա գրում է, որ Ֆիդիպիդեսին ուղարկել են ոչ թե Աթենք, այլ Սպարտա: Մինչև Սպարտա ընկած հեռավորությունը շա՛տ ավելի մեծ է՝ 246 կիլոմետր... Այս հին հունական քաղաքը միշտ փառաբանվել է իր ռազմիկներով: Դա էր պատճառը, որ պարսիկների դեմ կռվող հույները մեծ հույսեր էին կապում, որ սպարտացիներից աջակցություն կստանան՝ Ֆիդիպիդեսին ուղարկելով օգնության հետևից: Ըստ լեգենդի այս վարկածի՝ Ֆիդիպիդեսը ճանապարհին անց կացրեց երկու օր: Այդ ամբողջ ժամանակ նա չկերավ և չքնեց, այլ միայն անընդմեջ վազեց: Հասնելով Սպարտա՝ Ֆիդիպիդեսը տեղի մարտիկներին հայտնեց հույների ուղարկած լուրը և հյուծվածությունից ընկավ անշնչացած:

Երկար ժամանակ երկրորդ վարկածը համարվում էր իրականությունից դուրս: Թվում էր, թե երկու օր առանց կանգառի պարզապես անհնար է վազել: Այսօր գոյություն ունի հատուկ սպորտաձև՝ ուլտրամարաթոն, որի ժամանակ մարզիկներն առանց կանգառի վազում են մի օրից ավել: Ուլտրամարաթոնը լինում է տարբեր հեռավորության՝ 50 կիլոմետր, 100 կիլոմետր և նույնիսկ ավելին:

Մարզիկ Դին Կարնասիսը մի անգամ որոշեց վազել նույն հեռավորությունը, ինչ վազել էր Ֆիդիպիդեսը՝ Մարաթոնից մինչև Սպարտա: Դրա համար նրան անհրաժեշտ եղավ 35 ժամ: Ինչպես Ֆիդիպիդեսի մասին լեգենդում, ամբողջ տարածությունը հաղթահարելու ընթացքում Դին Կարնասիսը ոչ մի անգամ կանգ չառավ՝ շունչ քաշելու: Բարեբախտաբար, ժամանակակից մարզիկը կենդանի մնաց, քանի որ լավ էր պատրաստվել վազքին: Իսկ լեգենդն այն մասին, թե կարող էր արդյոք Ֆիդիպիդեսը երկու օր շարունակ վազել առանց կանգառի, այլևս այնքան էլ ֆանտաստիկ չի թվում:

Այսօր կարիք չկա ուղերձ ուղարկելու համար երկար հեռավորություն վազել: Այնուամենայնիվ մարդիկ շարունակում են մարաթոնյան վազքը, որովհետև նրանց դուր է գալիս այս սպորտաձևը՝ հնարավորություն տալով հաղթել ինքն իրեն:

1.   Ինչի՞ մասին է խոսվում տեքստի մեջ.

•   Սպարտացիների և աթենացիների միջև պատմական ճակատամարտի մասին:
•   Մարաթոնյան վազքի հետ կապված լեգենդների մասին:

2.   Ի՞նչ նպատակով Ֆիդիպիդեսը ճանապարհ ընկավ դեպի Աթենք՝ համաձայն առաջին լեգենդի.

•   Ֆիդիպիդեսին անհրաժեշտ էր աթենացիներին փոխանցել պարսիկների դեմ տարած հաղթանակի լուրը:
•   Ֆիդիպիդեսին անհրաժեշտ էր աթենացիներից աջակցություն խնդրել:

3.   Ի՞նչ նպատակով Ֆիդիպիդեսը Սպարտա մեկնեց՝ համաձայն   99

երկրորդ լեգենդի.

• Ֆիդիպիդեսին անհրաժեշտ էր սպարտացիներին փոխանցել պարսիկների դեմ տարած հաղթանակի լուրը:

• Ֆիդիպիդեսին անհրաժեշտ էր սպարտացիներից աջակցություն խնդրել

4. Ի՞նչ նպատակով են մարդիկ ժամանակակից աշխարհում մարաթոն վազում.

• Կարևոր հղումներ փոխանցելու նպատակով:

• Մարդկանց դուր է գալիս այս սպորտաձևը, և ինքն իրեն դիմակայելու հնարավորությունը:

5. Ինչո՞վ կարելի է փոխարինել «աջակցություն» բառը «Դա էր պատճառը, որ պարսիկների դեմ կռվող հույները մեծ հույսեր էին կապում, որ սպարտացիներից աջակցություն կստանան՝ Ֆիդիպիդեսին ուղարկելով օգնության հետևից» նախադասության մեջ.

• օժանդակություն

• զենք

6. Ո՞ր տարբերակն է իր իմաստով հակադիր «իրականությունից դուրս» արտահայտությանը «Երկար ժամանակ երկրորդ վարկածը համարվում էր իրականությունից դուրս» նախադասության մեջ.

• հնարավոր

• ֆանտաստիկ

7. Լրացրե՛ք բաց թողնված բառերը։

նվաճեց   գերազանցել   մրցումներին

* Չորս տարի շարունակ ամբողջ աշխարհի
մարմնամարզիկները տքնաջան մարզվում են՝ ցանկանալով
_____________ նախկին օլիմպիադաների ռեկորդները։
* Վերջապես ֆուտբոլային թիմը _____________ քաղաքի գավաթը։
* Երկարության ցատկի _____________ մասնակցում էին քաղաքի
բոլոր դպրոցների աշակերտները։

Մոդուլ 3.7

Գադտնի գործակալ Անդրանիկը հանձնարարությամբ էր եկել։
Առաջադրանքը հետույան էր՝ աննկատ մոտենալ աշխատող փոշեկուլ-
ռոբոտին, հետևել նրա աշխատանքին, իսկ հետո տեսածի մասին
տեղեկացնել շտաբում։ Այն տեղակայված էր Անդրանակի սենյակում
գտնվող մահճակալի վրա։ Փոշեկուլ-ռոբոտին հասնելու համար նրան
անհրաժեշտ էր աննկատ անցնել միջանցքը։

Անդրանիկը դռան մոտից կարճ վազքով հասավ պահարանին,
հետո պահարանից՝ ֆիկուսի ծաղկամանին և վերջապես՝ միջանցքի
կենտրոնին։ Այստեղ նա կանգ առավ՝ թաքնվելով ֆիկուսի հետևում։
Անհրաժեշտ էր դադար տալ և ստուգել հակառակորդի գտնվելու վայրը։
Փոշեկուլ-ռոբոտը շարունակում էր իր գործը՝ չկասկածելով, որ իրեն
հետևում են։ Անդրանիկն արդեն պատրաստվում էր առաջ շարժվել, երբ
հանկարծ հատակին, ուղիղ ծաղկամանի մոտ, մի սարդ նկատեց։
Վերջինս անհոգ նստել էր հատակին և թաթիկներն էր շարժում։ Միսիան
բարդացավ։ Անդրանիկը չէր կարող թողնել անպաշտպան սարդին, իսկ
ընդհանրապես, քաղաքացիական անձինք չպետք է գտնվեն գադտնի
գործողությունների իրականացման գոտում։

—Պարո՛ն Սարդ, — դիմեց նրան տղան: — Դուք պե՛տք է անհապաղ լքեք միջանցքի տարածքը: Լավ կանեք՝ թաքնվեք պլինթուսի տակ: Ես չեմ կարող ասել ձեզ՝ բանն ինչումն է, բայց լավ կլինի կատարեք իմ հրահանգները: Սարդն ուշադրություն չդարձրեց տղայի վրա և շարունակեց նստած մնալ հատակին:

—Պարո՛ն Սարդ, դուք օժանդակություն չեք ցուցաբերում: Իրավիճակը ձեզ համար կարող է դառնալ ծայրաստիճան վտանգավոր, — Անդրանիկը բարձրացրեց գլուխը և տեսավ, որ փոշեկուլ-ռոբոտը, վերջացնելով հյուրասենյակի մաքրությունը, ուղղվել է դեպի միջանցք:

Իրավիճակը գնալով ավելի լարված էր դառնում: Անդրանիկը որոշեց որոշիչ քայլ կատարել և թեթևակի հրեց սարդին դեպի պլինթուսը: Սարդը զարմացած ցնցվեց և մի քայլ էլ արեց դեպի պատը:

Բայց վերջինս հանկարծ կանգ առավ , վրդովված թափ տվեց թաթիկները և շարժվեց հակառակ ուղղությամբ՝ դեպի դեպի միջանցքի կենտրոն: Փորձառու գաղտնի գործակալը մի թեթև նյարդայնացավ: Նա չէր կարող քաղաքացի անձին տեղեկացնել իր միսիայի մասին, բայց և նայլել, թե ինչպես է խեղճ սարդը մեռնում փոշեկուլ-ռոբոտի խոզանակից՝ նույնպես չէր կարող:

Մինչ Անդրանիկը փորձում էր հասկանալ, թե ինչպես վարվել, փոշեկուլ-ռոբոտը հայտնվեց ուղիղ նրանց կողքին: Գաղտնի գործակալը որոշեց բանակցության մեջ մտնել փոշեկուլի հետ, բայց չկանխատեսված բան տեղի ունեցավ: Երբ փոշեկուլն արդեն բավականին մոտ էր, սարդն անսպասելի վեր սլացավ՝ ոչինչ չթողնելով գրողի տարած խոզանակին: Անդրանիկը զարմանքից վեր քաշեց գլուխը և տեսավ սարդոստայնի բարակ թելը, որն էլ հենց օգտագործել էր սարդը իր մանյովրի համար:

—Պարզվում է՝ նա նույնպես ուղարկված գործակալ էր, — շշնջաց Անդրանիկը: — Միայն իսկական գործակալներն են այդպես խույս տալիս:

1.   Ինչի՞ մասին է խոսվում տեքստի մեջ.

• Տղայի մասին, որ խաղում էր՝ իրեն երևակայելով ուղարկված գաղտնի գործակալի դերում և սարդի հետ ունեցած նրա հանդիպման մասին:
• Տղայի մասին, որին հետևում էր սարդը:

2.   Ո՞րն էր տղայի նպատակը խաղի սկզբում.

• Տղան պատրաստվում էր գաղտագողի մոտենալ փոշեկուլ-ռոբոտին և հարձակվել նրա վրա:
• Տղան պատրաստվում էր գաղտագողի մոտենալ փոշեկուլ-ռոբոտին և հետևելով նրան՝ վերջինիս մասին տեղեկություն հավաքել:

3.   Ինչու՞ տղան, տեսնլով սարդին, կանգ առավ միջանցքում.

• Տղան ցանկանում էր փոշեկուլ- ռոբոտից փրկել սարդին:
• Տղան վախենում էր, որ սարդը կգրավի փոշեկուլ-ռոբոտի ուշադրությունը և կխանգարի իր միսիային:

4.   Ինչու՞ տղան որոշեց, որ սարդը նույնպես գործակալ էր.

• Որովհետև սարդը փոքր էր, և վերջինիս համար ավելի հեշտ էր աննկատ լռտեսել:

- Որովհետև տղան չափազանց տպավորված էր սարդի կարողությամբ՝ արագ վեր սլանալ, և նրա երևակայական խաղի մեջ այդպիսի տաղանդով օժտված էին միայն հատուկ գործականները:

5. Ինչո՞վ կարելի է փոխարինել «լարված» բառը «Իրավիճակը գնալով ավելի լարված էր դառնում» նախադասության մեջ.

- անհասկանալի
- լուրջ

6. Ո՞ր տարբերակն է իր իմաստով հակադիր «նյարդայնացած» բառին «Փորձառու գաղտնի գործակալը մի թեթև նյարդայնացած» նախադասության մեջ.

- հանգստացած
- անհանգստացած

7. Լրացրե՛ք բաց թողնված բառերը.

զբաղմունքը   հալվել էր   յուրահատուկ

- Երգը, որ գրել էր իմ ընկերուհին, __________ էր և նման չէր այլ երգի:
- Մաթեմատիկայի ժամերին իմ սիրած __________ հավասարումներ լուծելն էր:
- Սեղանի վրա մոռացված շոկոլադը __________ :